westermann

EINSTEIGEN UND DURCHSTARTEN

Praktikum und Berufswahl

Erarbeitet von
Andreas Müller

Textquellen
S. 48:
Metallbildner/in, Fachrichtung Gürtlertechnik, aus: Beruf aktuell. Lexikon der Ausbildungsberufe, Ausgabe 2019/2020, Bundesagentur für Arbeit (Hrsg.), wbv Media GmbH & Co. KG, Bielefeld 2019, S. 368 – 369.
Fachinformatiker/in, Fachrichtung Systemintegration, aus: Beruf aktuell. Lexikon der Ausbildungsberufe, Ausgabe 2019/2020, Bundesagentur für Arbeit (Hrsg.), wbv Media GmbH & Co. KG, Bielefeld 2019, S. 173.

Bildquellen
Umschlagfoto: iStockphoto.com/JohnnyGreig
S. 12: Verlagsarchiv Schöningh/Andreas Müller

westermann GRUPPE

Druck A[1] / Jahr 2020
Alle Drucke der Serie A sind im Unterricht parallel verwendbar.

Redaktion: Barbara Holzwarth, Gröbenzell/München
Illustrationen: Matthias Berghahn, Bielefeld
Umschlaggestaltung: LIO Design GmbH, Braunschweig
Layout: Alexandra Brand, Paderborn
Druck und Bindung: Westermann Druck GmbH, Braunschweig

ISBN 978-3-14-**123425**-1

Inhalt

Vorwort 4

So arbeiten Lehrerinnen und Lehrer mit diesem Heft 4

So arbeiten Schülerinnen und Schüler mit diesem Heft 5

- ☐ So gelingt das selbstständige Arbeiten mit diesem Heft 7
- ☐ So gestaltest du einen Hefteintrag ordentlich 10

Teil I: Vor dem Praktikum 14

- ☐ 1. Was erwartet mich im Praktikum? 15
  Ich analysiere Praktikumserfahrungen
- ☐ 2. Was interessiert mich? 21
  Ich überlege, was ich gerne mache
- ☐ 3. Welche Fähigkeiten bringe ich in mein Praktikum ein? 26
  Ich überlege, was ich gut kann
- ☐ 4. Was erwartet meine Chefin oder mein Chef von mir? 32
  Ich beurteile unterschiedliches Verhalten im Praktikum
- ☐ 5. Wie kann ich mich über Berufe informieren? 39
  Ich nutze verschiedene Recherchemöglichkeiten
- ☐ 6. Welcher Beruf passt zu mir? 45
  Ich untersuche Berufsbilder
- ☐ 7. Wie finde ich eine passende Praktikumsstelle? 49
  Ich informiere mich im Branchenbuch und im Internet
- ☐ 8. Wie telefoniere ich mit einem Praktikumsbetrieb? 54
  Ich übe, wie ich mich nach einem Praktikumsplatz erkundige
- ☐ 9. Wie schreibe ich einen Praktikumsbetrieb an? 59
  Ich verfasse einen formellen Brief

Teil II: Während des Praktikums 66

- ☐ 1. Was erhoffe ich mir von meinem Praktikum? 67
  Ich denke über meine Erwartungen nach
- ☐ 2. Was passiert im Betrieb? (1) 70
  Ich beschreibe Tätigkeiten und Erfahrungen in Tagesberichten
- ☐ 3. Was passiert im Betrieb? (2) 75
  Ich beschreibe Tätigkeiten und Erfahrungen in einem Wochenbericht
- ☐ 4. Was passiert im Betrieb? (3) 78
  Ich beschreibe eine berufstypische oder besondere Tätigkeit

Teil III: Nach dem Praktikum 82

- ☐ 1. Was hat mir mein Praktikum gebracht? 83
  Ich vergleiche meine Erfahrungen mit meinen Erwartungen
- ☐ 2. Wie kann ich andere über meine Praktikumserfahrungen informieren? 88
  Ich präsentiere mein Praktikum

Bewertung 94

So arbeiten Lehrerinnen und Lehrer mit diesem Heft

Liebe Kollegin, lieber Kollege,

das vorliegende Arbeitsheft zur Berufsvorbereitung geht konzeptionell von drei Prämissen aus:

1. Beruf und Praktikum liegen außerhalb der Erfahrungswelt der Schülerinnen und Schüler. Sofern sie diesbezüglich bereits Konzepte entwickelt haben, sind diese weitgehend unstrukturiert bzw. idealisierend und vereinfachend. In nicht wenigen Fällen hat die Konzeptbildung noch gar nicht begonnen.
2. Berufsfindung ist ein individueller Prozess. Schülerinnen und Schüler unterscheiden sich in ihren Fähigkeiten und Interessen, weshalb der Weg in den Beruf ein eigener sein muss.
3. Das Praktikum ist ein Meilenstein in der Schullaufbahn, dessen lebensweltlicher Bezug real situiert ist. Unterricht hat unmittelbar Auswirkungen auf die Bewältigung einer zentralen außerschulischen Herausforderung.

Aus der Annahme dieser Prämissen ergeben sich Schlussfolgerungen für die Konzeption des Arbeitsheftes. Schülerinnen und Schüler müssen sich realistische Vorstellungen von Beruf und Praktikum erst erarbeiten. Deshalb benötigen sie Anschauung durch *Narrationen*. Am Anfang steht daher die erzählte Situation, die ein Problem im Kontext der Berufsfindung zum Thema macht, anhand der Geschwister Jakob und Florentina veranschaulicht und so für die Schülerinnen und Schüler erfahrbar macht. Auf diese konstruierte Situation beziehen sich die *Pflichtaufgaben*. Sie erschließen das Problem. Die eigentliche Auseinandersetzung mit dem Problem, die Reflexion und Beurteilung der konstruierten Situation geschieht mithilfe der *Wahlaufgaben*. Sie sind dreifach differenziert und ermöglichen den Schülerinnen und Schülern eine persönliche Akzentsetzung. Erst nachdem die Schülerinnen und Schüler in der aktiven Auseinandersetzung mit einer Problemsituation ihre Sichtweise auf einen bestimmten Aspekt der Berufswahl und des Praktikums erweitert haben, beziehen sie ihre so erworbenen Kenntnisse auf ihre eigene Lebenssituation und erwerben mit diesem Schritt notwendige Basiskompetenzen. Dies geschieht mithilfe der Aufgabe *Ich denke über mich selbst nach*. Jedes Kapitel im ersten Teil des Arbeitsheftes endet mit diesem real situierten Aufgabentyp.*

Das Arbeitsheft besteht aus den drei Teilen *Vor dem Praktikum, Während des Praktikums* und *Nach dem Praktikum*, denen insgesamt 15 Kapitel zugeordnet sind. Die Vorbereitung des Praktikums hat dabei mit neun Kapiteln ein besonderes Gewicht, denn hier werden bei den Schülerinnen und Schülern die leitende Konzeptbildung und eine Haltungsänderung angeregt. Der zweite Teil ersetzt das klassische Praktikumsheft. Und im dritten Teil werden Angebote zur Reflexion und Präsentation der Praktikumserfahrungen gemacht.

Jedem Kapitel vorgeschaltet ist ein Punktekonto, das den Schülerinnen und Schülern die Leistungserwartungen transparent macht. Soll das Arbeitsheft ganz oder in Teilen bewertet werden, kann dieses Punktekonto die Grundlage dafür sein.

---

* Um die Aufgaben auf den Seiten 50 – 53 bearbeiten zu können, benötigen die Schülerinnen und Schüler einen Stadtplan oder eine Umgebungskarte ihres Wohnortes. Außerdem brauchen sie ein aktuelles Branchenbuch (z. B. Gelbe Seiten), um interessante Praktikumsbetriebe zu recherchieren.

So arbeiten Schülerinnen und Schüler mit diesem Heft

Liebe Schülerin, lieber Schüler,

in diesem Schuljahr wirst du ein Schulpraktikum in einem Betrieb absolvieren, den du dir selbst aussuchen darfst. Dein Praktikum hat vor allem diesen Zweck: Du gewinnst einen Einblick in den Berufsalltag und findest heraus, ob der Beruf, den du für dein Praktikum gewählt hast, zu dir passt.

Damit dein Praktikum ein Erfolg wird, muss es gut vorbereitet sein. Deshalb wirst du dich in diesem Schuljahr systematisch mit Fragen rund ums Praktikum beschäftigen, u. a. mithilfe dieses Arbeitsheftes. Ziel ist es, deine Berufsfindung in feste Bahnen zu lenken und dafür zu sorgen, dass du über verschiedene Themen rund um das Praktikum intensiv nachdenkst.

Dabei helfen dir Jakob und Florentina. Sie berichten von ihren Erfahrungen rund ums Praktikum und werden dich durch die Kapitel des Heftes begleiten. Aus dem, was die beiden richtig gemacht haben, aber auch aus den Fehlern, die ihnen unterlaufen sind, kannst du für deine eigene Berufswahl etwas lernen.

In deinem Arbeitsheft findest du *Pflichtaufgaben*. Diese muss jeder erledigen, denn mit ihnen erschließt man sich Informationen, die für eine grundlegende Orientierung auf dem Weg zum Beruf unverzichtbar sind.

Es gibt aber auch *Wahlaufgaben*. Aus den Wahlangeboten suchst du dir jeweils eine Aufgabe aus, die du bearbeiten willst. Bei der Entscheidung, welche Wahlaufgabe du bearbeiten willst, solltest du dich von zwei Fragen leiten lassen:

1. Interessiert mich die Aufgabenstellung?
2. Bin ich in der Lage, diese Aufgabenstellung zu bewältigen?

Ideal ist es, wenn du beide Fragen mit Ja beantworten kannst. Dann hast du eine Wahlaufgabe gefunden, die zu dir passt.

Damit du die zweite Frage nach dem Schwierigkeitsgrad einer Aufgabe leichter beantworten kannst, sind den Aufgabenstellungen *Symbole* beigefügt. An ihnen kannst du dich orientieren. Zu jedem Thema wirst du unterschiedlich schwere Aufgaben finden. Die nachfolgenden Symbole begleiten und leiten deine Arbeit mit dem Heft.

Es gibt einfache Wahlaufgaben. Sie helfen dir, das Wesentliche eines Themas zu verstehen. In der Regel brauchst du für die Bearbeitung nicht viel Zeit. Deshalb kannst du mit diesem Aufgabentyp auch nur wenige Punkte erwerben.
Eine *Banane* ist bekanntermaßen leicht zu schälen. Sie ist deshalb das Zeichen für leichte Aufgaben.

Es gibt aber auch schwerere Wahlaufgaben. Hier musst du genauer nachdenken, einen Antworttext gliedern und vorschreiben und somit mehr Zeit aufwenden. Selbstverständlich kannst du mit solchen Aufgaben, die dir mehr abverlangen, auch mehr Punkte erwerben.
Eine *Orange* ist schwer zu schälen. Man muss sich Zeit nehmen und überlegen, wie man am besten vorgeht. Die Orange ist deshalb das Zeichen für Aufgaben, die schon etwas anspruchsvoller sind.

Schließlich gibt es Wahlaufgaben, die es in sich haben. Um sie zu bearbeiten, musst du überlegt und methodisch vorgehen. Du brauchst Ausdauer und Disziplin. Mit solchen Aufgaben kannst du die meisten Punkte erwerben.
Eine Nuss hat eine harte Schale, die schwer zu knacken ist. Deshalb ist die *harte Nuss* das Zeichen für die anspruchsvollsten Aufgaben.

Dieses Symbol findest du immer am Ende eines Kapitels. Es steht für eine besondere Aufgabe: Hier denkst du über dich selbst nach und wendest das, was du zuvor mithilfe der Pflicht- und Wahlaufgaben erarbeitet hast, auf dich selbst an.

Dein Arbeitsheft kann auch bewertet werden. Dazu steht am Anfang eines jeden Kapitels ein passendes *Punktekonto*. Das sieht zum Beispiel für das Kapitel auf den Seiten 7–9 ausgefüllt so aus:
Der Schüler hat die beiden Pflichtaufgaben ordentlich bearbeitet. Dafür bekommt er insgesamt zwei Punkte. Bei den Wahlaufgaben hat er die mittelschwere Aufgabe mit dem Orangensymbol gewählt. Da er sie sehr oberflächlich bearbeitet hat, bekommt er hierfür nur zwei von vier Punkten. Die Aufgabe „Ich denke über mich selbst nach" hat er gut gelöst. Insgesamt hat der Schüler also fünf von neun möglichen Punkten erreicht. Würde diese Arbeit von seiner Lehrerin bewertet, bekäme er eine 06, das entspricht einem Ausreichend +.

Ich kann erklären, wie man mit dem Heft selbstständig arbeitet.	☺	😐	☹	**mögliche Punktzahl**	**erreichte Punktzahl**
Pflichtaufgabe 1	X			1	1 / 1
Pflichtaufgabe 2	X			1	1 / 1
Wahlaufgabe *Banane*				3	0 / 3
Wahlaufgabe *Orange*		X		4	2 / 4
Wahlaufgabe *Harte Nuss*				6	0 / 6
Ich denke über mich selbst nach	X			1	1 / 1
Gesamtpunkte (Inhalt)				**9**	**5 / 9**

Das Punktekonto am Anfang des Kapitels informiert dich darüber, wie viele Punkte mit jeder Aufgabe zu erreichen sind. Mit dieser Information bist du in der Lage, deine Arbeitsprozesse gut zu planen.

Wenn du die Aufgaben eines Kapitels erledigt hast, kannst du mithilfe der Smileys die Qualität deiner Arbeit einschätzen. Fällt deine Selbsteinschätzung nicht gut aus, ist es sinnvoll, die jeweilige Aufgabe zu korrigieren oder neu zu machen.

Die rechte Spalte des Punktekontos wird während der Korrektur von deiner Lehrerin oder deinem Lehrer ausgefüllt. Alle deine Ergebnisse aus den Punktekonten werden in die Gesamtübersicht auf den letzten Seiten des Arbeitsheftes eingetragen. Außerdem wird dort die Gestaltung deines Arbeitsheftes bewertet. Achte daher stets darauf, ordentlich und sauber zu schreiben.

Kapitel, die du erledigt hast, kannst du im Inhaltsverzeichnis ankreuzen. Mit jedem bearbeiteten Kapitel wird dir dein Weg in das Berufsleben deutlicher werden. Dabei wünschen wir dir viel Erfolg und Freude!

So gelingt das selbstständige Arbeiten mit diesem Heft

Dein Punktekonto zum Kapitel „So gelingt das selbstständige Arbeiten mit diesem Heft“

Mit jeder Aufgabe, die du bearbeitest, kannst du Punkte sammeln. Hier erfährst du, wie viele Punkte bei den jeweiligen Aufgaben erreichbar sind. Mithilfe der Smileys schätzt du die Qualität deiner Arbeit selbst ein. Bewertest du dich eher schlecht, ist es sinnvoll, deine Arbeitsergebnisse im Anschluss zu korrigieren.
Die letzte Spalte wird zur Bewertung von deiner Lehrerin oder deinem Lehrer ausgefüllt. Selbstverständlich kann aus den erreichten Punkten auch eine Note abgeleitet werden.

Ich kann erklären, wie man mit dem Heft selbstständig arbeitet.	☺	😐	☹	**mögliche Punktzahl**	**erreichte Punktzahl**
Pflichtaufgabe 1				1	/ 1
Pflichtaufgabe 2				1	/ 1
Wahlaufgabe *Banane*				3	/ 3
Wahlaufgabe *Orange*				4	/ 4
Wahlaufgabe *Harte Nuss*				6	/ 6
Ich denke über mich selbst nach				1	/ 1
Gesamtpunkte (Inhalt)				**9**	**/ 9**

Lies die Seiten 5 – 6. Bearbeite alle Pflichtaufgaben und eine Wahlaufgabe. Wende das Erlernte auf dich selbst an.	
	Pflichtaufgaben 1. Welche Aufgaben musst du immer erledigen? 2. Welche Wahlmöglichkeiten hast du?
	**Wahlaufgaben** Zeichne die Symbole und notiere jeweils ihre Bedeutung.
	Lege zu den Aufgabentypen und Symbolen eine Mindmap an.
	Schreibe einen Dialog, in welchem du einer Mitschülerin oder einem Mitschüler Tipps gibst, wie sie oder er mit diesem Heft arbeiten soll.
	**Ich denke über mich selbst nach** Woran erkennst du, dass du dir die richtige Wahlaufgabe ausgesucht hast?

Pflichtaufgaben

1. Welche Aufgaben musst du immer erledigen?

2. Welche Wahlmöglichkeiten hast du?

Wahlaufgaben

Schreibe die Aufgabenstellung deiner Wahlaufgabe auf. Kreise dann das entsprechende Symbol ein.

Ich denke über mich selbst nach

Woran erkennst du, dass du dir die richtige Wahlaufgabe ausgesucht hast?

So gestaltest du einen Hefteintrag ordentlich

Dein Punktekonto zum Kapitel „So gestaltest du einen Hefteintrag ordentlich“

Mit jeder Aufgabe, die du bearbeitest, kannst du Punkte sammeln. Hier erfährst du, wie viele Punkte bei den jeweiligen Aufgaben erreichbar sind. Mithilfe der Smileys schätzt du die Qualität deiner Arbeit selbst ein. Bewertest du dich eher schlecht, ist es sinnvoll, deine Arbeitsergebnisse im Anschluss zu korrigieren.
Die letzte Spalte wird zur Bewertung von deiner Lehrerin oder deinem Lehrer ausgefüllt. Selbstverständlich kann aus den erreichten Punkten auch eine Note abgeleitet werden.

Ich kann einen Hefteintrag ordentlich gestalten.	☺	😐	☹	**mögliche Punktzahl**	**erreichte Punktzahl**
Pflichtaufgabe 1				1	/ 1
Pflichtaufgabe 2				1	/ 1
Wahlaufgabe *Banane*				1	/ 1
Wahlaufgabe *Orange*				2	/ 2
Wahlaufgabe *Harte Nuss*				6	/ 6
Ich denke über mich selbst nach				2	/ 2
Gesamtpunktzahl (Inhalt)				**10**	**/ 10**

Lies M 1 und untersuche M 2. Bearbeite alle Pflichtaufgaben und eine Wahlaufgabe. Wende das Erlernte auf dich selbst an.	
	Pflichtaufgaben 1. Welches Problem hat Jakob (M 1)? 2. Welche Folgen kann Jakobs unordentliche Heftführung für sein Praktikum haben? Notiere Vermutungen.
	**Wahlaufgaben** Was gefällt dir an Miriams Hefteintrag (M 2) besonders gut? Notiere.
	Untersuche Miriams Hefteintrag (M 2) und notiere mindestens vier Merkmale einer ordentlichen Heftseite.
	Verfasse einen Dialog, in dem Miriam ihrem Bruder erklärt, wie ein ordentlicher Hefteintrag aussehen soll. Miriam gibt ihrem Bruder mindestens sechs Tipps.
	**Ich denke über mich selbst nach** Wie beurteilst du deine eigenen Fähigkeiten, einen Hefteintrag ordentlich zu gestalten? Kreuze deine Selbsteinschätzung auf dem Farbbalken an und fülle die Tabelle aus.

M 1 Jakobs Problem

Jakob bemüht sich, alle Seiten im Arbeitsheft möglichst ordentlich zu gestalten. Doch das gelingt ihm nicht immer. Als er sein Arbeitsheft zur Hand nimmt, um sich auf das Vorstellungsgespräch im Praktikumsbetrieb vorzubereiten, stellt er fest, dass er mit seinen Hefteinträgen wenig anfangen kann.

Pflichtaufgaben

1. Welches Problem hat Jakob (M 1)?

____

____

____

____

2. Welche Folgen kann Jakobs unordentliche Heftführung für sein Praktikum haben? Notiere Vermutungen.

____

____

____

____

____

____

____

____

____

M 2 Miriams Hefteintrag

Jakob wendet sich an seine jüngere Schwester Miriam. Sie ist in der sechsten Klasse und hat fast nur gute Noten. Miriam zeigt ihrem Bruder einen Hefteintrag, den sie soeben für das Fach Biologie fertiggestellt hat.

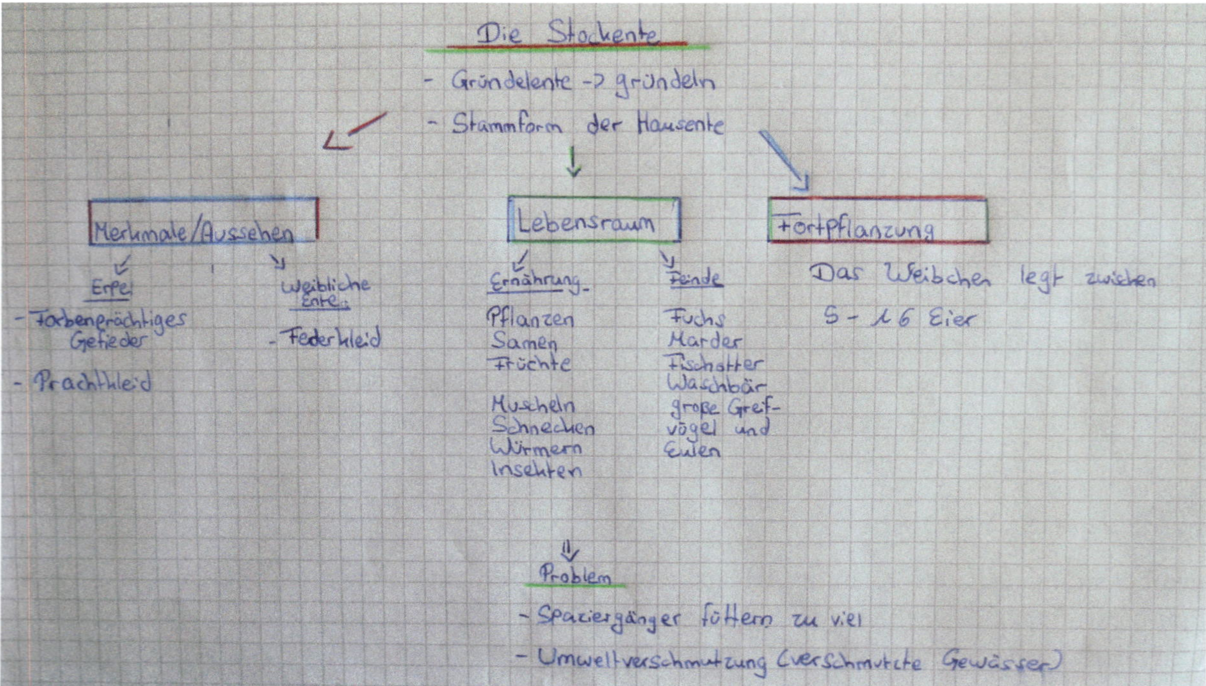

Diese Fragen helfen dir, Miriams Hefteintrag zu analysieren:

- Wie und womit schreibt sie?
- Wie nutzt sie die Linien?
- Wie setzt sie Farben ein?
- Wie zeichnet sie Pfeile und Kästchen?
- Wie sind die einzelnen Textelemente angeordnet?
- Wie sieht die Überschrift aus?

Wahlaufgaben

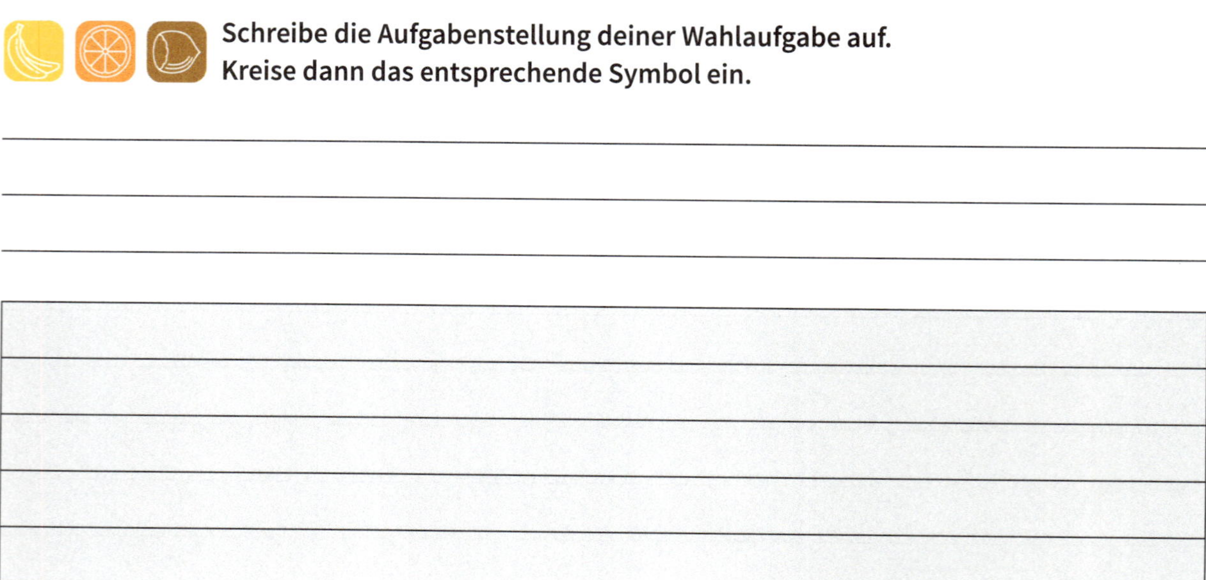

Schreibe die Aufgabenstellung deiner Wahlaufgabe auf. Kreise dann das entsprechende Symbol ein.

Ich denke über mich selbst nach

Wie beurteilst du deine eigenen Fähigkeiten, einen Hefteintrag ordentlich zu gestalten? Kreuze deine Selbsteinschätzung auf dem Farbbalken an und fülle die Tabelle aus.

sehr schlecht | ist öfter problematisch | ist manchmal problematisch | geht so | gut | ausgezeichnet

Meine Begründung:

Merkmal	☺	😐	☹
So leserlich schreibe ich:			
So sorgfältig arbeite ich mit dem Lineal:			
So sinnvoll setze ich Farben zur Gestaltung ein:			
So übersichtlich ordne ich die Textelemente an:			
So systematisch nutze ich die Linien und den Rand:			
So sorgfältig ordne ich die Materialien und klebe sie ein:			

Teil I: Vor dem Praktikum

Darum geht es!

Wenn du dein Praktikum planst, solltest du dir bewusst machen, welche Erfahrungen du dabei machen möchtest. Dazu musst du zuerst deine eigene Einstellung in den Blick nehmen und überlegen, welche Erwartungen du an dein Praktikum hast.

Das alleine reicht aber noch nicht. Wenn dein Praktikum ein Erfolg sein soll und du mit Freude morgens zur Arbeit gehen willst, dann muss das Berufsfeld, aus dem du dein Praktikum wählst, zu deinen Interessen und Fähigkeiten passen. Ist das geklärt, gilt es, den richtigen Betrieb zu finden und korrekt um eine Praktikumsstelle anzufragen.

Wie all das geht, erfährst du im Teil I dieses Arbeitsheftes. Zur Einstimmung in die Arbeit vor dem Praktikum kannst du mithilfe der folgenden Zielscheibe deine Einstellung überprüfen. Markiere deine Positionen mit Kreuzen. Je näher deine Kreuze beim Mittelpunkt stehen, umso mehr stimmst du den Positionen in den Gedankenblasen zu.

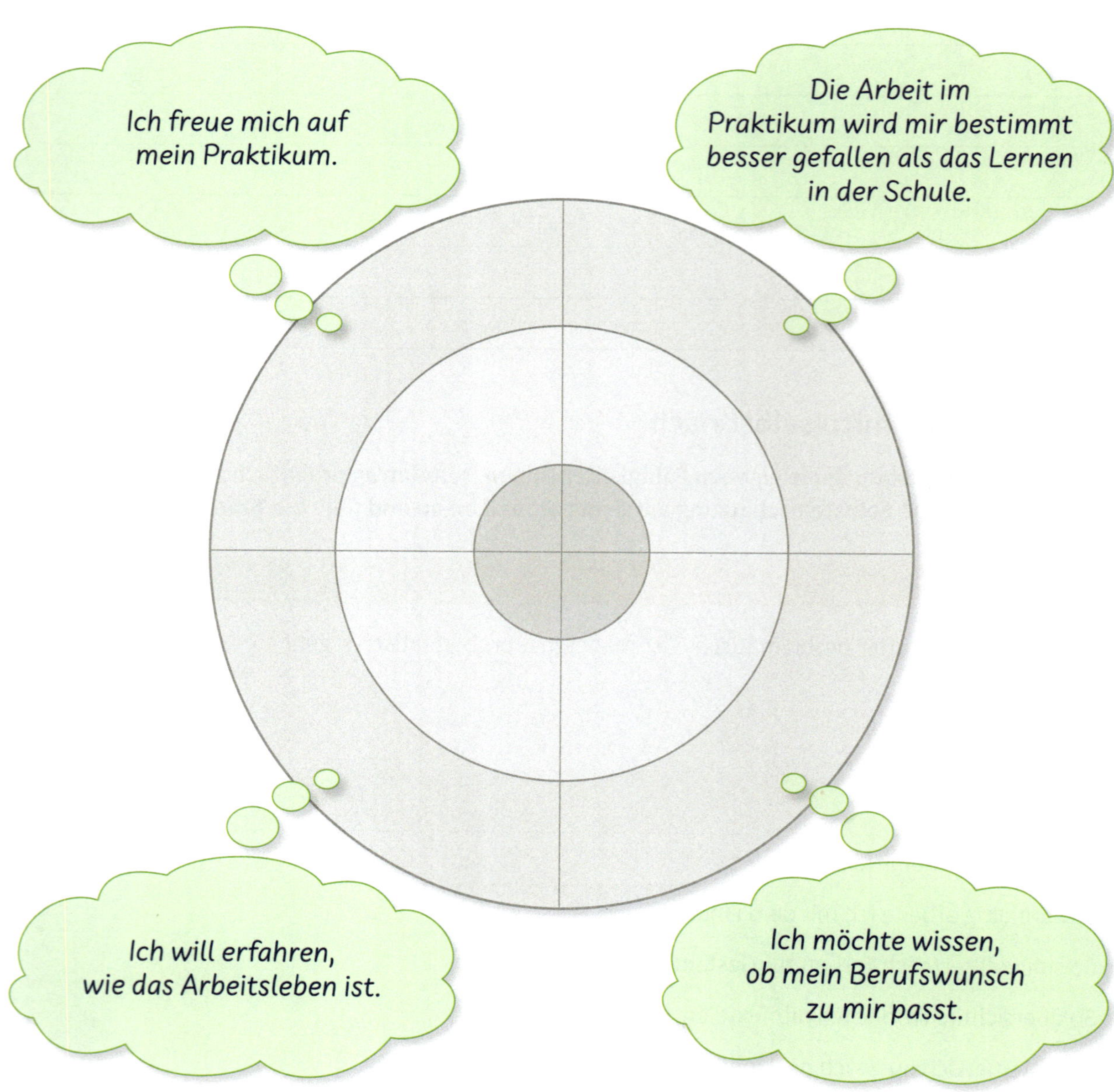

1. Was erwartet mich im Praktikum?

Ich analysiere Praktikumserfahrungen

Dein Punktekonto zum Kapitel „Was erwartet mich im Praktikum?"

Mit jeder Aufgabe, die du bearbeitest, kannst du Punkte sammeln. Hier erfährst du, wie viele Punkte bei den jeweiligen Aufgaben erreichbar sind. Mithilfe der Smileys schätzt du die Qualität deiner Arbeit selbst ein. Bewertest du dich eher schlecht, ist es sinnvoll, deine Arbeitsergebnisse im Anschluss zu korrigieren.

Die letzte Spalte wird zur Bewertung von deiner Lehrerin oder deinem Lehrer ausgefüllt. Selbstverständlich kann aus den erreichten Punkten auch eine Note abgeleitet werden.

Ich kann darstellen, was mich im Praktikum erwartet.	☺	😐	☹	**mögliche Punktzahl**	**erreichte Punktzahl**
Pflichtaufgabe 1				3	/ 3
Pflichtaufgabe 2				2	/ 2
Wahlaufgabe *Banane*				1	/ 1
Wahlaufgabe *Orange*				4	/ 4
Wahlaufgabe *Harte Nuss*				6	/ 6
Ich denke über mich selbst nach				3	/ 3
Gesamtpunkte (Inhalt)				**14**	**/ 14**

Lies M 1. Bearbeite alle Pflichtaufgaben und eine Wahlaufgabe. Wende das Erlernte auf dich selbst an.	
	Pflichtaufgaben 1. Erstelle einen Steckbrief von Jakob oder erstelle einen Steckbrief von Florentina. 2. Welche Erfahrungen hat Jakob im Praktikum gemacht? Welche Erfahrungen hat Florentina im Praktikum gemacht? Notiere sie in der Tabelle.
	**Wahlaufgaben** Was hältst du von Jakobs Entscheidung, ein weiteres Praktikum zu machen? Kreuze an und begründe deinen Standpunkt. Die Stichpunkte kannst du nutzen.
	Schreibe einen Dialog, in dem Jakob und Florentina sich über ihre Praktikumserfahrungen austauschen.
	Sowohl Jakob als auch Florentina behaupten: „Ein Praktikum muss sein!“ Verfasse eine Stellungnahme, in der du ihre Aussage erläuterst.
	**Ich denke über mich selbst nach** Was hast du aus Jakobs und Florentinas Erfahrungen gelernt? Formuliere Tipps für dein eigenes Praktikum.

M 1 Jakob und Florentina im Praktikum

Jakob und Florentina sind Geschwister. Sie haben bereits ein Praktikum absolviert und werden dich bei der Arbeit in diesem Heft mit ihren Erfahrungen begleiten.

Jakob und Florentina kennenlernen

Jakob besucht die achte Klasse der Gemeinschaftsschule. In Arbeitslehre ist er richtig gut. Kochen interessiert ihn sehr – vor allem mag er es, mit anderen am Herd zu stehen und in der Gruppe etwas zuzubereiten. Dabei hat Jakob immer tolle Ideen für neue Gerichte. Und wenn im Holz- und Metallbereich gearbeitet wird, ist er hochkonzentriert und der Beste seiner Klasse. In der Freizeit engagiert er sich mit seinen Freunden in der Jugendfeuerwehr: Dabei faszinieren ihn besonders Maschinen und Motoren und er kann gut damit umgehen. Außerdem ist Jakob ein talentierter Handballspieler, der für sein Durchsetzungsvermögen und seine Fairness im Spiel immer wieder viel Lob erntet.

Florentina ist ein Jahr älter als Jakob und besucht die neunte Klasse des Gymnasiums. Mathematik und Physik sind ihre Lieblingsfächer. Hier hat sie beste Noten. Außerdem ist sie eine Computerspezialistin und Mitglied der Informatik-AG an ihrer Schule. Ihr Interesse für Computer zeigte sich schon in der Grundschule, als sie im Rahmen einer Projektwoche mit einem Calliope-Computer arbeiten durfte. Am Ende der Woche hatte sie zwei kleine Lieder programmiert und war sehr stolz, als sie diese präsentierte. Florentina mag Musik. Am liebsten würde sie Klavierspielen lernen. Aber zum Üben bringt sie zu wenig Geduld auf. Seit einem guten Jahr trifft sie sich mit ihren Freundinnen und Freunden im Tanzstudio. Inzwischen können sie so gut tanzen, dass sie sich sogar öffentliche Auftritte zutrauen und dabei recht erfolgreich sind. Florentina hat ein anstrengendes Wochenprogramm mit vielen Terminen und Verpflichtungen. Trotzdem versäumt sie es nie, einmal am Tag mit ihrem Hund Matteo spazieren zu gehen.

Jakob und Florentina könnten unterschiedlicher nicht sein. Florentina behauptet von sich selbst, zwei linke Hände zu haben, mit denen sie nicht einmal einen Nagel in die Wand schlagen könnte. Jakob hingegen versteht nicht, dass seine Schwester gern stundenlang vor ihrem Computer sitzt und Programme schreibt.

Die beiden Geschwister haben in diesem Schuljahr ein Praktikum absolviert. Dabei haben sie ganz unterschiedliche Erfahrungen gesammelt. Trotzdem sind Jakob und Florentina sich einig: Ein Praktikum muss sein!

Die Suche nach einem Praktikumsplatz

Jakobs Suche nach einem Praktikumsplatz verlief unkompliziert. Als er in einer Schlosserei nachfragte, teilte man ihm mit, dass der einzige Praktikumsplatz bereits vergeben worden sei. Von einem Freund hörte er aber, dass die Stadtverwaltung noch einen Praktikanten suchte. Jakob wusste, dass seine Tante dort arbeitete. Er rief sie an und die Tante versprach, sich darum zu kümmern. Das tat sie auch und so hatte auch Jakob eine Praktikumsstelle gefunden.

Florentina wusste von Anfang an, dass sie in ihrem Praktikum etwas mit Computern machen wollte. Sie dachte, mit ihren guten Noten und ihren Fachkenntnissen sei es einfach, einen solchen Praktikumsplatz zu finden. Doch als sie bei den Fachgeschäften in ihrer Region anfragte, musste sie feststellen, dass die begehrten Plätze bereits alle vergeben waren. Florentina war sehr enttäuscht. Aber ein Praktikum in einem anderen Bereich kam für sie nicht infrage. Von ihrer Lehrerin erhielt sie den Tipp, es bei den großen Industrieunternehmen in der Region zu versuchen. Diese hätten eigene IT-Abteilungen. Das Vorstellungsgespräch am Hauptsitz eines Keramikherstellers war nicht einfach. Der Leiter der Abteilung Systemadministration und Informatik äußerte Bedenken: „Normalerweise stellen wir hier in der Generaldirektion nur in der kaufmännischen Abteilung und im Verwaltungsbereich Praktikumsstellen für Schülerinnen und Schüler zur Verfügung. Im IT-Bereich arbeiten wir lieber mit Studentinnen und Studenten." Florentina erzählte jedoch von ihren Erfahrungen mit Computern und berichtete, dass sie unlängst ein neues Betriebssystem auf ihrem Rechner installiert hatte. So entwickelte sich ein Gespräch und weil Florentina beharrlich blieb, überzeugte sie den Leiter der IT-Abteilung schließlich davon, dass sie es mit ihrer Berufsorientierung ernst meinte. Als sie nach einer Stunde das Büro verließ, hatte sie eine Zusage für eine Praktikumsstelle erhalten.

Jakobs und Florentinas Erfahrungen im Praktikum

Bei Jakob lief es im Praktikum nicht so gut. Bereits am ersten Tag zog sich der Nachmittag endlos hin. Jakob hatte den Auftrag, seitenlange Tabellen miteinander zu vergleichen und abweichende Zahlenwerte mit einem Textmarker anzustreichen. Er war froh, als er um fünf Uhr endlich nach Hause durfte. In den folgenden Tagen war er in der Kfz-Zulassungsstelle eingesetzt. Anfangs freute er sich darüber, weil er dachte, das habe etwas mit Autos zu tun. Doch dann durfte er zwei Tage lang nur dabei zusehen, wie die Sachbearbeiterin Zulassungsformulare ausfüllte und Kundengespräche führte. Am dritten Tag wurde es etwas besser: Jakobs Aufgabe bestand darin, mit einer besonderen Standbohrmaschine alte Autokennzeichen zu entwerten. So vergingen zwei überwiegend eintönige Wochen und Jakob war froh, als sein Praktikum endlich vorüber war. Dennoch hatte Jakob etwas Wichtiges gelernt: Niemals würde er eine Ausbildung in einem Verwaltungsberuf absolvieren!

Florentinas Praktikum hingegen war ein voller Erfolg. Ihre Kolleginnen und Kollegen behandelten sie respektvoll, weil sie erkannten, wie bemüht Florentina war, und wie begierig, Neues zu lernen. Am Ende ihres Praktikums wusste Florentina, dass sie auf dem richtigen Weg war. Sie wollte Abitur machen und dann Informatik studieren. Da sie der IT-Abteilung während ihres Praktikums eine echte Hilfe war, bot man ihr dort einen Ferienjob an. Ihre Aufgabe sollte darin bestehen, Hardwarekomponenten in den Büros zu überprüfen und Schadensmeldungen systematisch zu sammeln. Florentina freute sich sehr über dieses Angebot und war stolz darauf.

Jakob nahm sich vor, in den Sommerferien ein weiteres Praktikum zu machen – in einem metallverarbeitenden Betrieb. Auch Florentina sagte, sie könne sich ein zweites Praktikum vorstellen. Natürlich sollte es wieder mit Computern zu tun haben.

Pflichtaufgaben

1. Erstelle einen Steckbrief von Jakob oder erstelle einen Steckbrief von Florentina.

Steckbrief von ______________________

Schule/Klasse: ______________________

____

Stärken: ______________________

____

____

Interessen: ______________________

____

____

2. Welche Erfahrungen hat Jakob im Praktikum gemacht? Welche Erfahrungen hat Florentina im Praktikum gemacht? Notiere sie in der Tabelle.

Jakobs Erfahrungen im Praktikum	Florentinas Erfahrungen im Praktikum

Wahlaufgaben

Was hältst du von Jakobs Entscheidung, ein weiteres Praktikum zu machen? Kreuze an und begründe deinen Standpunkt. Die Stichpunkte kannst du nutzen.

☐ Jakobs Entscheidung ist richtig. ☐ Jakobs Entscheidung ist falsch.

- hat bereits ein Praktikum absolviert, das genügt
- hat sein Praktikum im falschen Berufsfeld absolviert
- hat keine guten Erfahrungen im Praktikum gemacht
- hat im Praktikum die Arbeitswelt bereits kennengelernt
- soll die Sommerferien genießen
- hat im Praktikum keinen Beruf kennengelernt, der ihn interessiert

Schreibe die Aufgabenstellung deiner Wahlaufgabe auf. Kreise dann das entsprechende Symbol ein.

Ich denke über mich selbst nach

Was hast du aus Jakobs und Florentinas Erfahrungen gelernt? Formuliere Tipps für dein eigenes Praktikum.

Bevor ich eine Praktikumsstelle suche, denke ich über Folgendes nach:

Tipp 1: ______________________________

____

Tipp 2: ______________________________

____

Tipp 3: ______________________________

____

2. Was interessiert mich?

Ich überlege, was ich gerne mache

Dein Punktekonto zum Kapitel „Was interessiert mich?“

Mit jeder Aufgabe, die du bearbeitest, kannst du Punkte sammeln. Hier erfährst du, wie viele Punkte bei den jeweiligen Aufgaben erreichbar sind. Mithilfe der Smileys schätzt du die Qualität deiner Arbeit selbst ein. Bewertest du dich eher schlecht, ist es sinnvoll, deine Arbeitsergebnisse im Anschluss zu korrigieren.
Die letzte Spalte wird zur Bewertung von deiner Lehrerin oder deinem Lehrer ausgefüllt. Selbstverständlich kann aus den erreichten Punkten auch eine Note abgeleitet werden.

Ich kann erklären, was mich interessiert.	☺	😐	☹	**mögliche Punktzahl**	**erreichte Punktzahl**
Pflichtaufgabe 1				3	/ 3
Pflichtaufgabe 2				3	/ 3
Wahlaufgabe *Banane*				1	/ 1
Wahlaufgabe *Orange*				2	/ 2
Wahlaufgabe *Harte Nuss*				4	/ 4
Ich denke über mich selbst nach				4	/ 4
Gesamtpunktzahl (Inhalt)				**14**	**/ 14**

Lies M 1. Bearbeite alle Pflichtaufgaben und eine Wahlaufgabe. Wende das Erlernte auf dich selbst an.	
	Pflichtaufgaben 1. Notiere Jakobs und Florentinas Interessen in der linken Spalte der entsprechenden Tabelle. Lies dazu auch M 1 auf Seite 16 f. 2. Welche Praktikumsstellen passen zu Jakobs, welche zu Florentinas Interessen? Kreuze sie in unterschiedlichen Farben an und notiere sie in der jeweiligen Tabelle.
	**Wahlaufgaben** Warum ist es wichtig, bei der Wahl des Praktikums auf seine Interessen zu achten?
	Jakob und Florentina haben sich vor ihrem Praktikum über ihre Interessen unterhalten. Ergänze den Dialog.
	Verfasse einen Brief an einen Freund oder eine Freundin. Erkläre darin, warum es wichtig ist, bei der Praktikumswahl auf seine Interessen zu achten. Beziehe dich in deinem Brief auf Jakobs und Florentinas Erfahrungen.
	**Ich denke über mich selbst nach** Welche Interessen hast du? Setze ein Kreuz bei dem jeweils passenden Smiley.

M 1 Jakob und Florentina haben unterschiedliche Interessen

Jakob und Florentina unterscheiden sich in ihren jeweiligen Interessen. Während Jakob sich für Sport interessiert und gerne mit Metall und Holz arbeitet, kann sich Florentina beispielsweise stundenlang ins Schreiben von Computerprogrammen vertiefen.

Bei der Wahl der Praktikumsstelle und bei der Berufswahl muss man seine Interessen im Auge behalten. Die Arbeit sollte diesen Interessen entgegenkommen. Wer wie Jakob gerne mit Holz oder Metall arbeitet, sollte sich eine Praktikums- oder Ausbildungsstelle im Holz- oder Metallbereich suchen. Wer sich wie Florentina für Computerprogramme interessiert, sollte sich in der Computerbranche nach einem Praktikumsplatz umsehen.

Wer bei der Berufswahl nicht auf seine Interessen achtet, läuft Gefahr, im Beruf unglücklich zu werden.

Pflichtaufgaben

1. Notiere Jakobs und Florentinas Interessen in der linken Spalte der entsprechenden Tabelle. Lies dazu auch M 1 auf Seite 16 f.

Jakobs Interessen	Sinnvolle Praktikumsstellen

Florentinas Interessen	Sinnvolle Praktikumsstellen

2. Welche Praktikumsstellen passen zu Jakobs, welche zu Florentinas Interessen? Kreuze sie in unterschiedlichen Farben an und notiere sie in der jeweiligen Tabelle.

- ☐ in einer Schreinerei
- ☐ in einem Sportstudio
- ☐ in einer Autowerkstatt
- ☐ in einem IT-Unternehmen
- ☐ in einer Tierarztpraxis
- ☐ in einer Schlosserei
- ☐ in einem Computerfachhandel
- ☐ in einer Großküche
- ☐ in einer Spedition
- ☐ in einem Lebensmittelgeschäft
- ☐ in einem Musikgeschäft
- ☐ in einem Sportgeschäft

Wahlaufgaben

Jakob und Florentina haben sich vor ihrem Praktikum über ihre Interessen unterhalten. Ergänze den Dialog.

Florentina: Ich weiß nicht, was ich machen soll. Ich hätte mein Praktikum gerne im ____________________ gemacht, aber die Stellen sind schon alle vergeben.

Jakob: Du könntest doch auch ins ____________________ gehen. So gut wie du tanzt!

Florentina: Ja, stimmt. Aber ernsthaft, das ist als ____________________ okay. Aber als Beruf kann ich mir das nicht vorstellen. Bist du dir sicher, was du machen willst?

Jakob: Eigentlich schon. Aber die ____________________, bei der ich nach einer Praktikumsstelle gefragt habe, hat bereits einen Praktikanten. Vielleicht wäre eine ____________________ eine Alternative für mich? Da waren wir wohl beide mit unserer Suche nach einer Praktikumsstelle zu ____________________ dran.

Schreibe die Aufgabenstellung deiner Wahlaufgabe auf.
Kreise dann das entsprechende Symbol ein.

Ich denke über mich selbst nach

Welche Interessen hast du? Setze ein Kreuz bei dem jeweils passenden Smiley.

Was mich in der Schule interessiert …	☺	😐	☹
Ich mag Musik und Kunst.			
Ich interessiere mich für Naturwissenschaften.			
Sprachen finde ich interessant.			
Ich lese gern und mag das Fach Deutsch.			
Mathematik gehört zu meinen Lieblingsfächern.			
Am besten finde ich Arbeitslehre.			
Was mich zu Hause interessiert …	☺	😐	☹
Ich arbeite gerne drinnen.			
Ich arbeite gerne im Garten.			
Ich arbeite gerne mit Werkzeugen.			
Ich arbeite gerne in der Küche.			
Ich repariere gerne.			
Ich arbeite gerne mit Maschinen.			
Es macht mir nichts aus, wenn es bei der Arbeit schmutzig wird.			
Es macht mir nichts aus, wenn ich bei der Arbeit schwitze.			
Ich arbeite lieber alleine.			
Ich arbeite gerne mit anderen zusammen.			
Was mich in der Freizeit interessiert …	☺	😐	☹
Ich mag es, meine Freizeit mit anderen zu verbringen.			
Sport ist mir sehr wichtig.			
Meine Hobbys bestimmen meine Freizeit.			
Ich liebe es, mich zu entspannen, Musik zu hören oder zu lesen.			
Ich reise gerne und lerne gerne Neues kennen.			

Fasse deine wichtigsten Interessen (☺) zusammen. Schreibe dazu einen kurzen Text.

3. Welche Fähigkeiten bringe ich in mein Praktikum ein?

Ich überlege, was ich gut kann

Dein Punktekonto zum Kapitel „Welche Fähigkeiten bringe ich in mein Praktikum ein?“

Mit jeder Aufgabe, die du bearbeitest, kannst du Punkte sammeln. Hier erfährst du, wie viele Punkte bei den jeweiligen Aufgaben erreichbar sind. Mithilfe der Smileys schätzt du die Qualität deiner Arbeit selbst ein. Bewertest du dich eher schlecht, ist es sinnvoll, deine Arbeitsergebnisse im Anschluss zu korrigieren.
Die letzte Spalte wird zur Bewertung von deiner Lehrerin oder deinem Lehrer ausgefüllt. Selbstverständlich kann aus den erreichten Punkten auch eine Note abgeleitet werden.

Ich kann mir meine Fähigkeiten bewusst machen.	☺	😐	☹	**mögliche Punktzahl**	**erreichte Punktzahl**
Pflichtaufgabe 1				3	/ 3
Pflichtaufgabe 2				4	/ 4
Wahlaufgabe *Banane*				2	/ 2
Wahlaufgabe *Orange*				3	/ 3
Wahlaufgabe *Harte Nuss*				6	/ 6
Ich denke über mich selbst nach				4	/ 4
Gesamtpunktzahl (Inhalt)				**17**	**/ 17**

Lies M 1. Bearbeite alle Pflichtaufgaben und eine Wahlaufgabe. Wende das Erlernte auf dich selbst an.	
	Pflichtaufgaben 1. Notiere Jakobs und Florentinas Fähigkeiten in der mittleren Spalte der entsprechenden Tabelle. Lies dazu auch M 1 auf Seite 16 f. 2. Welche Praktikumsstellen passen zu Jakobs, welche zu Florentinas Interessen und Fähigkeiten? Kreuze sie in unterschiedlichen Farben an und notiere sie in der jeweiligen Tabelle.
	**Wahlaufgaben** Warum ist es wichtig, bei der Wahl des Praktikumsplatzes und erst recht bei der späteren Berufswahl auf seine Fähigkeiten zu achten?
	Was erwiderst du Jakob und Florentina? Formuliere deinen Standpunkt zu ihren Aussagen und begründe ihn jeweils.
	Schreibe ein Gespräch zwischen Jakob, Florentina und der Berufsberaterin auf. Darin versucht die Berufsberaterin, die Interessen und Fähigkeiten der beiden herauszufinden. Anschließend schlägt sie ihnen sinnvolle Praktikumsstellen vor.
	**Ich denke über mich selbst nach** Welche Fähigkeiten hast du? Setze ein Kreuz bei dem jeweils passenden Smiley. Vergleiche anschließend deine Fähigkeiten mit deinen Interessen.

M 1 Jakob und Florentina haben unterschiedliche Fähigkeiten

Jakob und Florentina unterscheiden sich nicht nur in ihren Interessen, sondern auch in ihren Fähigkeiten. Jakob interessiert sich beispielsweise für die Arbeit mit Holz und Metall und zeigt darin besondere Fähigkeiten. Florentina interessiert sich seit ihrer Grundschulzeit für alles, was mit Computern zu tun hat, und sie kann ausgezeichnet programmieren.
Bei der Wahl der Praktikumsstelle sowie bei der Berufswahl sollte man nicht nur seine Interessen im Auge behalten. Auch die eigenen Fähigkeiten spielen für den Erfolg und die Zufriedenheit im Praktikum bzw. im Beruf eine wichtige Rolle. Vielleicht interessiert sich Florentina dafür, wie ihr Bruder ein Regal für Drucker und Computer aus Holz baut. Sie selbst jedoch hat zwei linke Hände und würde auch auf lange Sicht und mit viel Übung bei der Arbeit mit Holz höchstens etwas Mittelmäßiges zustande bringen. Als Schreinerin hätte sie daher wahrscheinlich wenig Erfolg und wäre in diesem Beruf unzufrieden. Umgekehrt wäre Jakob als Programmierer völlig überfordert. Er würde wahrscheinlich scheitern und müsste dann irgendwie mit seinem Misserfolg klarkommen.
Wer bei der Berufswahl also nicht auf seine Fähigkeiten achtet, läuft letztendlich Gefahr, unglücklich zu werden.

Pflichtaufgaben

1. Notiere Jakobs und Florentinas Fähigkeiten in der mittleren Spalte der entsprechenden Tabelle. Lies dazu auch M 1 auf Seite 16 f.

Jakobs Interessen	Jakobs Fähigkeiten	Sinnvolle Praktikumsstellen
Arbeitslehre interessiert ihn.	Im Holz- und Metallbereich ist er der Beste in der Klasse.	
Er kocht gern, vor allem mit anderen zusammen.		
In der Jugendfeuerwehr fühlt er sich wohl.		
Er spielt gerne Handball.		

Florentinas Interessen	Florentinas Fähigkeiten	Sinnvolle Praktikumsstellen
An Mathematik und Physik ist sie besonders interessiert.	Sie hat sehr gute Noten in Mathematik und Physik.	
Sie interessiert sich für Computer.		
Sie mag Musik.		
Sie tanzt gern.		
Sie hat Tiere gern.		

2. Welche Praktikumsstellen passen zu Jakobs, welche zu Florentinas Interessen und Fähigkeiten? Kreuze sie in unterschiedlichen Farben an und notiere sie in der jeweiligen Tabelle.

- ☐ in einer Schreinerei
- ☐ in einem Sportstudio
- ☐ in einer Autowerkstatt
- ☐ in einem IT-Unternehmen
- ☐ in einer Tierarztpraxis
- ☐ in einer Schlosserei
- ☐ in einem Computerfachhandel
- ☐ in einer Großküche
- ☐ in einer Spedition
- ☐ in einem Lebensmittelgeschäft
- ☐ in einem Musikgeschäft
- ☐ in einem Sportgeschäft

Wahlaufgaben

Was erwiderst du Jakob und Florentina? Formuliere deinen Standpunkt zu ihren Aussagen und begründe ihn jeweils.

Jakob sagt: „Ich denke darüber nach, mein Praktikum in einem Kaufhaus zu machen."

____

____

____

____

Florentina sagt: „Ich suche mir eine Praktikumsstelle in der Computerabteilung eines großen Elektrofachgeschäftes."

____

____

____

____

Jakob sagt: „Ich möchte nochmals in einer Schlosserei nach einer Praktikumsstelle fragen."

____

____

____

____

**Schreibe die Aufgabenstellung deiner Wahlaufgabe auf.
Kreise dann das entsprechende Symbol ein.**

Ich denke über mich selbst nach

Welche Fähigkeiten hast du? Setze ein Kreuz bei dem jeweils passenden Smiley. Vergleiche anschließend deine Fähigkeiten mit deinen Interessen.

Was ich in der Schule kann …	☺	😐	☹
Ich bin gut in Mathematik und in den Naturwissenschaften.			
Mit räumlichen Vorstellungen habe ich kein Problem.			
Fremdsprachen fallen mir leicht.			
Im Schreiben und Rechtschreiben bin ich sicher.			
Sachtexte verstehe ich meist problemlos.			
Praktische Arbeiten gehen mir leicht von der Hand.			
Mit Computerprogrammen komme ich gut zurecht.			
Ich bin gut in Arbeitslehre.			
Sport macht mir Spaß und ich bin gut darin.			
Ich kann meine Arbeiten gut präsentieren.			
Was ich zu Hause kann …	☺	😐	☹
Ich kann Hausarbeiten zuverlässig erledigen.			
Ich kann Hausarbeiten selbstständig erledigen.			
Bei Arbeiten im Garten und bei Reparaturen bin ich gut.			
Ich kann mit Maschinen und Werkzeugen umgehen.			
Ich kann durchhalten, wenn es anstrengend und schmutzig wird.			
Ich bin körperlich belastbar.			
Ich kann gut im Sitzen arbeiten.			
Was ich im Zusammenleben mit anderen kann …	☺	😐	☹
Ich setze mich für andere ein.			
Ich gehe gerne auf andere zu und bin kontaktfreudig.			
Mit Kritik kann ich gut umgehen. Sie hilft mir meist weiter.			
Es fällt mir leicht, andere Meinungen zu tolerieren.			
Ich bin freundlich und höflich.			
Ich kann gut mit anderen zusammenarbeiten.			

Vergleiche deine Fähigkeiten mit deinen Interessen (S. 25). Notiere mindestens vier Bereiche, in denen deine besonderen Fähigkeiten (☺) und Interessen (☺) miteinander übereinstimmen.

4. Was erwartet meine Chefin oder mein Chef von mir?

Ich beurteile unterschiedliches Verhalten im Praktikum

Dein Punktekonto zum Kapitel „Was erwartet meine Chefin oder mein Chef von mir?"

Mit jeder Aufgabe, die du bearbeitest, kannst du Punkte sammeln. Hier erfährst du, wie viele Punkte bei den jeweiligen Aufgaben erreichbar sind. Mithilfe der Smileys schätzt du die Qualität deiner Arbeit selbst ein. Bewertest du dich eher schlecht, ist es sinnvoll, deine Arbeitsergebnisse im Anschluss zu korrigieren.
Die letzte Spalte wird zur Bewertung von deiner Lehrerin oder deinem Lehrer ausgefüllt. Selbstverständlich kann aus den erreichten Punkten auch eine Note abgeleitet werden.

Ich kann Erwartungen meiner Chefin oder meines Chefs benennen.	☺	😐	☹	**mögliche Punktzahl**	**erreichte Punktzahl**
Pflichtaufgabe 1				2	/ 2
Pflichtaufgabe 2				2	/ 2
Pflichtaufgabe 3				2	/ 2
Wahlaufgabe *Banane*				2	/ 2
Wahlaufgabe *Orange*				3	/ 3
Wahlaufgabe *Harte Nuss*				4	/ 4
Ich denke über mich selbst nach				4	/ 4
Gesamtpunktzahl (Inhalt)				**14**	**/ 14**

Lies M 1. Bearbeite alle Pflichtaufgaben und eine Wahlaufgabe.
Wende das Erlernte auf dich selbst an.

Pflichtaufgaben

1. Worüber haben sich Jakob und Florentina gestritten? Notiere ihre jeweiligen Meinungen.
2. Was antwortest du auf Jakobs Frage am Schluss? Ergänze seine Aufzählung.
3. Suche dir eine Lernpartnerin oder einen Lernpartner. Tauscht euch aus und notiert weitere Erwartungen an Praktikantinnen und Praktikanten im Betrieb.

Wahlaufgaben

Schreibe den Dialog zwischen Jakob und Florentina (M 1) weiter. Beginne so:
Florentina: Ja, hast du. Es gibt noch viel mehr, was im Betrieb von dir erwartet wird!
Jakob: …

Lege eine Tabelle zum Thema „Erwartungen im Praktikum“ an. Trage darin Erwartungen ein und ordne ihnen jeweils folgende Oberbegriffe zu:
Charaktereigenschaft / Soziale Fähigkeit / Kommunikative Fähigkeit.

Ordne den Situationen jeweils passende Erwartungen zu, die in Betrieben an Praktikantinnen und Praktikanten gestellt werden. Begründe deine Zuordnung, indem du das jeweilige Verhalten beurteilst.

Ich denke über mich selbst nach
Fülle die Tabelle „Erwartungen im Praktikumsbetrieb“ aus.

M 1 Wer hat recht?

Jakob fand sein Praktikum in der Stadtverwaltung überaus langweilig. Als Florentina behauptete, Jakob müsse sich bloß anstrengen, dann würde er schon den Sinn darin erkennen, entwickelte sich ein Streit:

Jakob: Welchen Sinn soll das Praktikum haben? Ich schaue der Sachbearbeiterin den ganzen Tag über die Schulter und sage zu den Kunden Guten Tag und Auf Wiedersehen.

Florentina: Na und? Lernst du dabei etwa nichts?

Jakob: Und was bitte? Stillsitzen vielleicht?

Florentina: Zumindest kannst du das nicht besonders gut. Und außerdem finde ich es gar nicht schlecht, wenn man weiß, wie man freundlich grüßt.

Jakob: Du tust ja so, als wäre ich zu blöd zum Grüßen. Ich mache doch kein Praktikum, um zu lernen, wie man jemandem die Hand gibt.

Florentina: Sondern?

Jakob: Na, um etwas zu lernen, was mit dem Beruf zu tun hat!

Florentina: Aha! Also doch den Kunden höflich zu begegnen und ihnen freundlich Guten Tag zu wünschen?

Jakob: Ist ja gut, ich hab’s verstanden! Es ist aber so, dass ich gerne etwas Richtiges tun würde. Mit meinen Händen arbeiten …

Florentina: Ich verstehe dich ja. Aber selbst wenn du eine Praktikumsstelle im Handwerk gefunden hättest, würdest du feststellen, dass Arbeiten in den meisten Fällen mehr ist, als nur vor sich hin zu schaffen.

Jakob: Und was? Stillsitzen, Grüßen, Höflichkeit … Habe ich etwas vergessen?

Pflichtaufgaben

1. Worüber haben sich Jakob und Florentina gestritten? Notiere ihre jeweiligen Meinungen.

Jakobs Meinung: ______________________________

____

____

Florentinas Meinung: ______________________________

____

____

2. Was antwortest du auf Jakobs Frage am Schluss? Ergänze seine Aufzählung.

____

____

____

____

____

____

____

3. Suche dir eine Lernpartnerin oder einen Lernpartner. Tauscht euch aus und notiert weitere Erwartungen an Praktikantinnen und Praktikanten im Betrieb.

Meine Lernpartnerin/mein Lernpartner ist ______________________________

Unsere Liste der Erwartungen an Praktikantinnen und Praktikanten im Betrieb:

____

____

____

____

____

____

____

____

____

____

Wahlaufgaben

Schreibe die Aufgabenstellung deiner Wahlaufgabe auf. Kreise dann das entsprechende Symbol ein.

Ordne den Situationen jeweils passende Erwartungen zu, die in Betrieben an Praktikantinnen und Praktikanten gestellt werden. Begründe deine Zuordnung, indem du das jeweilige Verhalten beurteilst.

Aufräumen
Carola absolviert ihr Praktikum in einem Elektroinstallationsbetrieb. In der zweiten Praktikumswoche darf sie mit auf die Baustelle fahren. Dort wird eine Markise installieret. Carola bekommt den Auftrag, anschließend die Arbeitsgeräte wieder in das Auto zu räumen. Gegenüber dem Gesellen äußert sie genervt, dass sie kein Praktikum machen würde, um Aufräumen zu lernen.

Was macht Carola falsch? ______________________________

____

____

Glück gehabt
Johannes arbeitet als Praktikant im Lebensmitteldiscounter. Heute soll er Regale auffüllen. Als er Marmeladen einräumen will, sieht er, dass jedes zweite Glas gerissen ist. Er geht zu seiner Chefin und berichtet ihr davon. Die Chefin ist froh, dass die beim Transport beschädigten Gläser nicht im Regal gelandet sind.

Was macht Johannes richtig? ______________________________

____

____

Sevim hält durch
Sevim macht ihr Praktikum in einer Bank. Der erste Tag ist abwechslungsreich. Die Praktikantinnen werden den einzelnen Abteilungen vorgestellt und die acht Stunden Arbeitszeit vergehen wie im Flug. Der zweite Tag ist ganz anders. Die Praktikantinnen werden jeweils unterschiedlichen Abteilungen zugewiesen. Sevim soll die Arbeit einer Sachbearbeiterin am Schalter beobachten. Das tut sie und hält durch, obwohl sie sich nicht setzen darf und ihr die Füße schmerzen.

Was macht Sevim richtig? ______________________________

____

____

So geht's nicht!
Steven ist Praktikant bei einer Baufirma. Seine Aufgabe besteht darin, die Maurerkolonne mit kleinen Handreichungen zu unterstützen. Das funktioniert aber nicht gut. Häufig müssen die Maurer mehrfach nachfragen, bis Steven seinen Auftrag erledigt. Die Stimmung ist schlecht.

Was macht Steven falsch? ______________________________

____

____

Ich denke über mich selbst nach

Fülle die Tabelle „Erwartungen im Praktikumsbetrieb“ aus.

Erwartungen im Praktikumsbetrieb	**Das traue ich mir zu**	**Das kann ich nicht gut**
Auffassungsvermögen bedeutet, dass ich verstehe, was meine Vorgesetzten mir erklären, und es in der Arbeitspraxis umsetzen kann.		
Aufgeschlossenheit bedeutet, dass ich anderen Menschen sowie Aufgaben und Anforderungen offen und ohne Vorurteile begegne.		
Ausgeglichenheit bedeutet, dass mich Unerwartetes nicht so schnell aus der Ruhe bringt.		
Belastbarkeit bedeutet, dass ich anstrengende Arbeit in stressigen Situationen bewältigen kann.		
Disziplin bedeutet, dass ich auch dann weiterarbeite, wenn ich keine Lust mehr habe.		
Eigeninitiative bedeutet, dass ich bei Problemen selbstständig Hilfe hole und ohne Aufforderung auf Vorgesetzte zugehe, wenn ich nicht weiß, was ich tun soll.		
Freundlichkeit bedeutet, dass ich anderen im Betrieb zugewandt begegne, sie grüße, Danke und Bitte sage und mich respektvoll ausdrücke.		
Gewissenhaftigkeit bedeutet, dass ich meine Aufgaben bewusst und gründlich erledige.		
Hilfsbereitschaft bedeutet, dass ich merke, wenn jemand Hilfe braucht, und ihr oder ihm beistehe.		

Erwartungen im Praktikumsbetrieb	Das traue ich mir zu	Das kann ich nicht gut
Kommunikationsfähigkeit bedeutet, dass ich dazu bereit bin, mich mit anderen auszutauschen, und dies auch in unterschiedlichen Situationen angemessen und gut kann.		
Kontaktfreudigkeit bedeutet, dass ich ohne Scheu auf andere zugehe.		
Leistungsbereitschaft bedeutet, dass ich mich bei der Arbeit voll und ganz einbringe.		
Ordnungssinn bedeutet, dass ich darauf achte, meinen Arbeitsplatz aufzuräumen.		
Pflichtbewusstsein bedeutet, dass ich meine Arbeit nach bestem Wissen und Gewissen erledige und mich vor nichts drücke.		
Selbstständigkeit bedeutet, dass ich Arbeiten, nachdem sie mir erklärt worden sind, ohne fremde Hilfe erledige.		
Sorgfalt bedeutet, dass ich bei der Arbeit mit Maschinen und Materialien pfleglich umgehe.		
Teamfähigkeit bedeutet, dass ich gut mit anderen zusammenarbeiten kann – auch, wenn ich sie persönlich nicht mag.		
Verschwiegenheit bedeutet, dass ich Betriebsabläufe oder Kenntnisse über Kolleginnen und Kollegen für mich behalte und auf den Datenschutz achte.		
Zuverlässigkeit bedeutet, dass man sich auf mich in jeder Hinsicht verlassen kann.		

5. Wie kann ich mich über Berufe informieren?

Ich nutze verschiedene Recherchemöglichkeiten

Dein Punktekonto zum Kapitel „Wie kann ich mich über Berufe informieren?“

Mit jeder Aufgabe, die du bearbeitest, kannst du Punkte sammeln. Hier erfährst du, wie viele Punkte bei den jeweiligen Aufgaben erreichbar sind. Mithilfe der Smileys schätzt du die Qualität deiner Arbeit selbst ein. Bewertest du dich eher schlecht, ist es sinnvoll, deine Arbeitsergebnisse im Anschluss zu korrigieren.
Die letzte Spalte wird zur Bewertung von deiner Lehrerin oder deinem Lehrer ausgefüllt. Selbstverständlich kann aus den erreichten Punkten auch eine Note abgeleitet werden.

Ich kann mich über Berufe informieren.	☺	😐	☹	**mögliche Punktzahl**	**erreichte Punktzahl**
Pflichtaufgabe 1				2	/ 2
Pflichtaufgabe 2				4	/ 4
Wahlaufgabe *Banane*				4	/ 4
Wahlaufgabe *Orange*				4	/ 4
Wahlaufgabe *Harte Nuss*				6	/ 6
Ich denke über mich selbst nach				4	/ 4
Gesamtpunkte (Inhalt)				**16**	**/ 16**

	Lies M 1. Bearbeite alle Pflichtaufgaben und eine Wahlaufgabe. Wende das Erlernte auf dich selbst an.
	Pflichtaufgaben 1. Beantworte die folgenden Fragen: An wen kannst du dich wenden, wenn du bei deiner Berufswahl Hilfe benötigst? Welche Informationen und Hilfen kannst du dort erhalten? 2. Bearbeite die Rallye durch das Lexikon „Beruf aktuell“.
	**Wahlaufgaben** Jakob und Florentina unterhalten sich über ihren Besuch im Berufsinformationszentrum. Fülle die Lücken im Text mithilfe des Wortspeichers.
	Suche zu dem Ausbildungsberuf, der dich interessiert, verwandte Berufe und beschreibe sie. Orientiere dich an den kursiv gedruckten Oberbegriffen in der Tabelle auf Seite 44.
	Verfasse zu dem Ausbildungsberuf, der dich interessiert, einen Text mit dem Titel „Ein Tag in meinem Arbeitsleben als …“.
	**Ich denke über mich selbst nach** Suche im Lexikon „Beruf aktuell“ einen Ausbildungsberuf, der dich interessiert, und erstelle zu diesem Beruf ein Berufsprofil.

M 1 Jakob und Florentina im Berufsinformationszentrum

Jakob und Florentina wollen ihr weiteres Praktikum jeweils in Berufsfeldern absolvieren, die sie interessieren: Jakob möchte etwas mit Metall machen. Florentina interessiert sich nach wie vor für Berufe rund um den Computer.
Um sich Klarheit zu verschaffen, welche Berufe in den Berufsfeldern „Metall“ und „Informationstechnologie“ überhaupt existieren, haben Jakob und Florentina mit Unterstützung ihrer Eltern einen Beratungstermin im Berufsinformationszentrum der Bundesagentur für Arbeit ausgemacht. Dort werden sie zuerst nach ihren Interessen und Wünschen gefragt. Dann zeigt ihnen die Berufsberaterin, wie man mit dem Lexikon „Beruf aktuell“ selbstständig Berufe recherchieren kann. Zum Abschluss darf jeder ein Exemplar des Lexikons mit nach Hause nehmen.

Pflichtaufgaben

1. Beantworte die folgenden Fragen:

An wen kannst du dich wenden, wenn du bei deiner Berufswahl Hilfe benötigst?

____

____

____

Welche Informationen und Hilfen kannst du dort erhalten?

____

____

____

____

2. Bearbeite die Rallye durch das Lexikon „Beruf aktuell".

Rallye durch das Lexikon „Beruf aktuell"

A Notiere zu folgenden Teilen des Lexikons die passenden Seitenzahlen:

Inhalt: ______________________

Auflistung der Berufe nach Berufsfeldern: ______________________

Berufsbeschreibungen: ______________________

B Notiere vier Berufsfelder, in denen du dir vorstellen könntest zu arbeiten.

____

____

____

____

C Suche in der Auflistung der Berufe nach Berufsfeldern das Berufsfeld „IT, Computer". Notiere fünf Berufe aus diesem Berufsfeld.

____

____

____

____

____

D „Beruf aktuell" ist ein Lexikon und daher alphabetisch aufgebaut. Suche in der Beschreibung der Ausbildungsberufe den Buchstaben B. Notiere den ersten und den letzten Beruf, der mit einem B beginnt, mit der jeweiligen Seitenzahl.

____

____

E Suche im alphabetischen Berufeverzeichnis den Beruf Winzer. Notiere die Ausbildungsvergütung in den verschiedenen Lehrjahren dieses Berufes.

____

____

____

F Notiere die Schulabschlüsse der Auszubildenden im Beruf Winzer mit den jeweiligen Prozentangaben. Was fällt dir auf?

____

____

Wahlaufgaben

Jakob und Florentina unterhalten sich über ihren Besuch im Berufsinformationszentrum. Fülle die Lücken im Text mithilfe des Wortspeichers.

Jakob: Ich fand den Besuch im ______________________ ganz informativ.

Florentina: Ja. Das Informationsangebot der ______________________ ______________________ ist gigantisch. Da findet man zu jedem ______________________ etwas.

Jakob: Mir hat besonders gefallen, dass sie dort zuerst etwas über unsere persönlichen ______________ und ______________ wissen wollten. Dadurch fühlte ich mich gleich ernst genommen.

Florentina: Und es war gut, dass uns die ______________________ am Anfang alles genau erklärt hat. Allein hätte ich mich in dem riesigen Angebot nie zurechtgefunden. Auch ihr ______________________, eine ______________________ als Alternative zum Studium in Betracht zu ziehen, war hilfreich. Darauf wäre ich alleine nie gekommen.

Jakob: In den ______________________ Berufen findet man sich alleine auch kaum zurecht. Mir hat sie aber diesbezüglich weitergeholfen.

Florentina: Am besten finde ich das Buch, welches sie uns am Schluss geschenkt hat. Wie heißt es noch?

Jakob: ______________________, das meinst du doch, oder?

Florentina: Ja, jetzt kann man immer in Ruhe nachlesen, welche ______________________ es gibt und was einen dort erwartet.

Jakob: Es soll ja Schulen geben, die besuchen mit ihren Klassen das Berufsinformationszentrum zur ______________________.

Florentina: Ich kenne eine, die das macht! Das ist die ______________________ ______________________.

Beruf ▪ Berufe ▪ Berufsinformationszentrum ▪ Gemeinschaftsschule an der Saarschleife ▪ Vorschlag ▪ Wünsche ▪ Beruf aktuell ▪ Ausbildung ▪ Berufsberaterin ▪ metallverarbeitenden ▪ Bundesagentur für Arbeit ▪ Berufsvorbereitung ▪ Interessen

**Schreibe die Aufgabenstellung deiner Wahlaufgabe auf.
Kreise dann das entsprechende Symbol ein.**

Ich denke über mich selbst nach

Suche im Lexikon „Beruf aktuell“ einen Ausbildungsberuf, der dich interessiert, und erstelle zu diesem Beruf ein Berufsprofil.

Das *Berufsfeld*, in dem ich meinen Beruf suche:	
Die genaue *Berufsbezeichnung* des Berufes, den ich hier beschreibe:	
Die wichtigsten *Aufgaben*, die in diesem Beruf erledigt werden müssen:	
Mögliche *Arbeitgeber*:	
Verwandte Berufe, die mich interessieren könnten:	
Bevorzugter Schulabschluss (einschließlich Prozentangabe):	
Das gefällt mir an diesem Beruf:	

6. Welcher Beruf passt zu mir?

Ich untersuche Berufsbilder

Dein Punktekonto zum Kapitel „Welcher Beruf passt zu mir?“

Mit jeder Aufgabe, die du bearbeitest, kannst du Punkte sammeln. Hier erfährst du, wie viele Punkte bei den jeweiligen Aufgaben erreichbar sind. Mithilfe der Smileys schätzt du die Qualität deiner Arbeit selbst ein. Bewertest du dich eher schlecht, ist es sinnvoll, deine Arbeitsergebnisse im Anschluss zu korrigieren.
Die letzte Spalte wird zur Bewertung von deiner Lehrerin oder deinem Lehrer ausgefüllt. Selbstverständlich kann aus den erreichten Punkten auch eine Note abgeleitet werden.

Ich kann Berufsbilder untersuchen und herausfinden, welcher Beruf zu mir passt.	☺	😐	☹	**mögliche Punktzahl**	**erreichte Punktzahl**
Pflichtaufgabe 1				3	/ 3
Wahlaufgabe *Banane*				2	/ 2
Wahlaufgabe *Orange*				4	/ 4
Wahlaufgabe *Harte Nuss*				6	/ 6
Ich denke über mich selbst nach				6	/ 6
Gesamtpunktzahl (Inhalt)				**15**	**/ 15**

Lies M 1, M 2 und M 3. Bearbeite die Pflichtaufgabe und eine Wahlaufgabe. Wende das Erlernte auf dich selbst an.	
	Pflichtaufgabe 1. Worauf muss man bei der Berufswahl achten? Notiere drei Bedingungen, die ein Beruf erfüllen muss, damit er zu dir passt.
	**Wahlaufgaben** Was antwortest du, wenn Jakob und Florentina dich fragen, ob sie einen sinnvollen Praktikumsberuf gewählt haben? Begründe deine Meinung.
	Schreibe einen Dialog zwischen Jakob oder Florentina und ihren Eltern. Die Eltern unterhalten sich mit ihrem Sohn oder ihrer Tochter über das bevorstehende Praktikum. Gemeinsam überlegen sie im Gespräch, ob *Interessen, Fähigkeiten, Anforderungen der Betriebe* und die *Voraussetzungen* zur jeweiligen Berufswahl passen.
	Lege für Jakob oder Florentina eine Mindmap zu deren Praktikumsberuf an. Verwende die Oberbegriffe *Interessen, Fähigkeiten, Tätigkeiten, Beschäftigungsbetriebe, Anforderungen* und *Voraussetzungen*.
	**Ich denke über mich selbst nach** Notiere drei Berufe, die dich interessieren. Finde mithilfe des Lexikons „Beruf aktuell" für jeden dieser Berufe heraus, was du an ihm interessant findest und was du gerne im Praktikum lernen würdest.

M 1 Jakob und Florentina wählen ihren Praktikumsberuf aus

Jakob und Florentina haben im Berufsinformationszentrum der Bundesagentur für Arbeit unterschiedliche Berufe kennengelernt. Dabei stellten sie fest, dass es angesichts der vielen Berufe gar nicht so leicht ist, den Überblick zu behalten. Noch schwerer ist es, einen Beruf zu finden, der zu ihren Interessen passt, ihren Fähigkeiten entspricht und von dem sie annehmen, dass sie den Anforderungen, denen sie im Betrieb begegnen werden, auch gewachsen sind.
Jakob und Florentina haben sich schließlich entschieden: Jakob möchte in den Sommerferien ein Praktikum in einer Schmiede absolvieren, um herauszufinden, ob der Beruf des „Metallbildners" zu ihm passt. Florentina will ein Praktikum als „Fachinformatikerin" bei einem Softwareunternehmen machen, um eine Alternative zum Informatikstudium an der Universität kennenzulernen.

Pflichtaufgabe

1. Worauf muss man bei der Berufswahl achten? Notiere drei Bedingungen, die ein Beruf erfüllen muss, damit er zu dir passt.

Bedingung: ______________________________

Bedingung: ______________________________

Bedingung: ______________________________

Wahlaufgaben

**Schreibe die Aufgabenstellung deiner Wahlaufgabe auf.
Kreise dann das entsprechende Symbol ein.**

M 2 Metallbildner/in, Fachrichtung Gürtlertechnik

Metallbildner/innen der Fachrichtung Gürtlertechnik be- und verarbeiten Buntmetalle, aber auch Verbund- und Kunststoffe. Sie entwerfen Werkstücke nach eigenen Ideen oder Kundenvorgaben und setzen ihre Entwürfe am Bildschirm in technische Zeichnungen und Abwicklungen für den Zuschnitt bzw. das Ausstanzen von Metallblechen um. Bleche, Leisten, Profile oder Rohre bringen sie schließlich durch Treiben, Biegen, Richten oder Schmieden in die gewünschte Form. Für die Herstellung von Gussteilen schmelzen sie (Edel-)Metalle und gießen die heißflüssige Masse in Formen, die sie meist selbst fertigen. Auch ihre Werkzeuge stellen sie häufig selbst her. Abschließend behandeln sie die Oberflächen ihrer Werkstücke nach und montieren die Einzelteile zum fertigen Erzeugnis. Hierbei integrieren sie ggf. auch elektrische Komponenten, z.B. Beleuchtungen für Briefkastenanlagen.

Metallbildner/innen der Fachrichtung Gürtlertechnik finden Beschäftigung in erster Linie

- in Betrieben der Gürtlerei, in Buntmetallgießereien
- in handwerklichen Schmiedewerkstätten, bei Gold- und Silberschmieden
- bei Herstellern von metallischen Gebrauchsgegenständen

M 3 Fachinformatiker/in, Fachrichtung Systemintegration

Fachinformatiker/innen der Fachrichtung Systemintegration planen und konfigurieren IT-Systeme. Als Dienstleister im eigenen Haus oder beim Kunden richten sie diese Systeme entsprechend den Kundenanforderungen ein und betreiben bzw. verwalten sie. Dazu gehört auch, dass sie bei auftretenden Störungen die Fehler systematisch und unter Einsatz von Experten- und Diagnosesystemen eingrenzen und beheben. Sie beraten interne und externe Anwender bei Auswahl und Einsatz der Geräte und lösen Anwendungs- und Systemprobleme. Daneben erstellen sie Systemdokumentationen und führen Schulungen für die Benutzer durch. Fachinformatiker/innen der Fachrichtung Systemintegration finden Beschäftigung in Unternehmen nahezu aller Wirtschaftsbereiche sowie in der öffentlichen Verwaltung.

Ich denke über mich selbst nach

Notiere drei Berufe, die dich interessieren. Finde mithilfe des Lexikons „Beruf aktuell" für jeden dieser Berufe heraus, was du an ihm interessant findest und was du gerne im Praktikum lernen würdest.

Mein Traumberuf: ____________________

____

____

____

Mein realistischer Berufswunsch: ____________________

____

____

____

Mein Notfallplan: ____________________

____

____

7. Wie finde ich eine passende Praktikumsstelle?

Ich informiere mich im Branchenbuch und im Internet

Dein Punktekonto zum Kapitel „Wie finde ich eine passende Praktikumsstelle?“

Mit jeder Aufgabe, die du bearbeitest, kannst du Punkte sammeln. Hier erfährst du, wie viele Punkte bei den jeweiligen Aufgaben erreichbar sind. Mithilfe der Smileys schätzt du die Qualität deiner Arbeit selbst ein. Bewertest du dich eher schlecht, ist es sinnvoll, deine Arbeitsergebnisse im Anschluss zu korrigieren.
Die letzte Spalte wird zur Bewertung von deiner Lehrerin oder deinem Lehrer ausgefüllt. Selbstverständlich kann aus den erreichten Punkten auch eine Note abgeleitet werden.

Ich kann mich im Branchenbuch und im Internet über einen Praktikumsbetrieb informieren.	☺	😐	☹	**mögliche Punktzahl**	**erreichte Punktzahl**
Pflichtaufgabe 1				2	/2
Pflichtaufgabe 2				3	/3
Wahlaufgabe *Banane*				3	/3
Wahlaufgabe *Orange*				6	/6
Wahlaufgabe *Harte Nuss*				8	/8
Ich denke über mich selbst nach				4	/4
Gesamtpunktzahl (Inhalt)				**17**	**/17**

	Lies M 1 und M 2. Bearbeite alle Pflichtaufgaben und eine Wahlaufgabe. Wende das Erlernte auf dich selbst an.
	Pflichtaufgaben 1. Auf welche Probleme stoßen Jakob und Florentina bei ihrer Suche nach einer passenden Praktikumsstelle? 2. Welche Tipps gibt Jakobs und Florentinas Vater den beiden?
	**Wahlaufgaben** Arbeite mit einem Stadtplan und dem Branchenbuch. Notiere die Namen und Kontaktdaten (Adresse, Telefonnummer, E-Mail-Adresse, evtl. Internetseite) drei metallverarbeitender Betriebe.
	Arbeite mit einem Stadtplan und dem Branchenbuch. Notiere die Namen und Kontaktdaten (Adresse, Telefonnummer, E-Mail-Adresse, evtl. Internetseite) drei metallverarbeitender Betriebe und markiere deren Standort im Stadtplan.
	Recherchiere im Internet die Namen und Kontaktdaten (Adresse, Telefonnummer, E-Mail-Adresse, evtl. Internetseite) von drei IT-Unternehmen aus deiner Region und markiere deren Standorte gegebenenfalls im Stadtplan. Erstelle zu einem der Unternehmen ein Profil.
	**Ich denke über mich selbst nach** Notiere die Namen und Kontaktdaten (Adresse, Telefonnummer, E-Mail-Adresse, evtl. Internetseite) von drei Betrieben, in denen du ein Praktikum machen möchtest. Welcher der Betriebe ist für dich am leichtesten zu erreichen? Kreuze ihn an. Begründe deine Entscheidung.

M 1 Jakob und Florentina suchen eine Praktikumsstelle

Sowohl Jakob als auch Florentina haben aus dem Berufsinformationszentrum der Bundesagentur für Arbeit Ideen für ihr Praktikum mitgebracht. Florentina sucht nun ein IT-Unternehmen, in dem sie den Berufsalltag rund um den Computer kennenlernen kann. Jakob will in einer Schmiede arbeiten und freut sich auf die körperliche Arbeit. Er hofft darauf, vor allem viel Praktisches zu lernen.

Doch wie sollen die beiden den jeweils richtigen Praktikumsbetrieb finden? Jakob kennt eine Schmiede in der Stadt. Allerdings hat er gehört, dass Praktikanten sich dort oft langweilen, weil sie nicht in die Arbeitsprozesse eingebunden werden und die meiste Zeit des Tages nur herumstehen. Florentina hat von einem großen IT-Unternehmen, der *Scheer Corporation*, gehört, doch das ist in der 35 km entfernten Nachbarstadt ansässig – zu weit, um während der Praktikumszeit täglich dorthin zu fahren.

Was also sollen Jakob und Florentina nun tun? Beide sind ratlos. Deshalb sprechen sie mit ihrem Vater über ihr Problem.

M 2 Jakob und Florentina sprechen mit ihrem Vater über ihre Suche nach einer passenden Praktikumsstelle

Florentina: Papa, ich würde mein Praktikum gern bei der *Scheer Corporation* machen. Die ist doch ziemlich bekannt.

Vater: Das stimmt. Die *Scheer Corporation* hat einen exzellenten Ruf. Allerdings weiß ich nicht, wie du jeden Tag dorthin kommen kannst. Es wäre bestimmt besser, einen Praktikumsbetrieb in unserer Nähe zu suchen. Was meinst du?

Florentina: Das habe ich mir auch schon überlegt. Aber mir fällt dazu nichts ein.

Vater: Suche doch mal im Internet. Ich bin mir sicher, dass es auch in unserer Nähe IT-Unternehmen gibt, die Praktikantinnen beschäftigen. Du wirst bestimmt etwas Passendes finden.

Jakob: Ich komme auch nicht weiter. Am liebsten möchte ich das Praktikum in einer Schmiede machen.

Vater: In welcher?

Jakob: Erst dachte ich an die Schmiede im Industriegebiet. Aber dann hat Matteo aus meiner Klasse mir erzählt, dass sein älterer Bruder dort vor zwei Jahren als Praktikant war. Das war eine Katastrophe. Er durfte gar nichts machen außer kehren und hat sich total gelangweilt. Da will ich auf keinen Fall hin.

Vater: Die kleineren Handwerksbetriebe haben oft keinen Internetauftritt. Deshalb solltest du im Branchenbuch unter den Stichwörtern Schlosserei und Schmiede nachschlagen. Dort findest du Adressen und Telefonnummern.

Jakob: Und dann rufe ich dort an?

Vater: Genau. Falls ihr allein nicht weiterkommt, helfe ich euch.

Pflichtaufgaben

1. Auf welche Probleme stoßen Jakob und Florentina bei ihrer Suche nach einer passenden Praktikumsstelle?

Florentinas Problem: ______________________________

____

____

Jakobs Problem: ______________________________

____

____

2. Welche Tipps gibt Jakobs und Florentinas Vater den beiden?

Tipp: ______________________________

____

Tipp: ______________________________

____

Tipp: ______________________________

____

Wahlaufgaben

Schreibe die Aufgabenstellung deiner Wahlaufgabe auf. Kreise dann das entsprechende Symbol ein.

____

____

____

____

Unternehmensprofil der Firma „________________________"

Anzahl der Beschäftigten: ________________________

Ausbildungsberufe: ________________________

____

Produkte oder Dienstleistungen: ________________________

____

____

Das gefällt mir an dem Unternehmen: ________________________

____

____

Ich denke über mich selbst nach

Notiere die Namen und Kontaktdaten (Adresse, Telefonnummer, E-Mail-Adresse, evtl. Internetseite) von drei Betrieben, in denen du ein Praktikum machen möchtest.
Welcher der Betriebe ist für dich am leichtesten zu erreichen? Kreuze ihn an.
Begründe deine Entscheidung.

Name/Kontaktdaten: ____________________

____

____

____

Name/Kontaktdaten: ____________________

____

____

____

Name/Kontaktdaten: ____________________

____

____

____

Begründung: ____________________

____

____

____

____

8. Wie telefoniere ich mit einem Praktikumsbetrieb?

Ich übe, wie ich mich nach einem Praktikumsplatz erkundige

Dein Punktekonto zum Kapitel „Wie telefoniere ich mit einem Praktikumsbetrieb?“

Mit jeder Aufgabe, die du bearbeitest, kannst du Punkte sammeln. Hier erfährst du, wie viele Punkte bei den jeweiligen Aufgaben erreichbar sind. Mithilfe der Smileys schätzt du die Qualität deiner Arbeit selbst ein. Bewertest du dich eher schlecht, ist es sinnvoll, deine Arbeitsergebnisse im Anschluss zu korrigieren.
Die letzte Spalte wird zur Bewertung von deiner Lehrerin oder deinem Lehrer ausgefüllt. Selbstverständlich kann aus den erreichten Punkten auch eine Note abgeleitet werden.

Ich kann professionell mit einem Praktikumsbetrieb telefonieren.	☺	😐	☹	**mögliche Punktzahl**	**erreichte Punktzahl**
Pflichtaufgabe 1				2	/ 2
Pflichtaufgabe 2				4	/ 4
Pflichtaufgabe 3				2	/ 2
Wahlaufgabe *Banane*				2	/ 2
Wahlaufgabe *Orange*				3	/ 3
Wahlaufgabe *Harte Nuss*				6	/ 6
Ich denke über mich selbst nach				4	/ 4
Gesamtpunktzahl (Inhalt)				**18**	**/ 18**

Lies M 1 und M 2. Bearbeite alle Pflichtaufgaben und eine Wahlaufgabe. Wende das Erlernte auf dich selbst an.

Pflichtaufgaben

1. Wie haben Jakob und Florentina jeweils ihren Praktikumsbetrieb gefunden?
2. Untersuche Jakobs Telefonat (M 1). Unterstreiche alles, was er im Telefonat gut gemacht hat, grün. Unterstreiche seine Fehler rot.
3. Wird Jakob die begehrte Praktikumsstelle erhalten? Begründe deine Meinung.

Wahlaufgaben

Wie telefoniert man richtig, um sich nach einem Praktikumsplatz zu erkundigen? Formuliere anhand von Jakobs Telefongespräch mit der Sekretärin (M 1) Tipps.

Jakob ruft den Chef der Kunstschmiede *Stylework* an. Er möchte seine Fehler aus dem ersten Telefonat nicht wiederholen und hat sich vorbereitet. Überarbeite drei Textstellen, die du in M 1 rot markiert hast, und schreibe sie auf.

Florentina hatte mit ihrem Telefonat Erfolg. Sie erhielt am Ende des Gesprächs eine Praktikumszusage. Verfasse ein gelungenes Telefonat zwischen Florentina und dem Personalchef von *Digital System Solution* bezüglich einer Praktikumsstelle. Nutze dazu die Fragen in M 2.

Ich denke über mich selbst nach

Fülle die Leerstellen im Telefongespräch mit Informationen zu deiner Person. Stelle dir dazu vor, dass du mit der Sekretärin des Praktikumsbetriebs, den du dir im vorangegangenen Kapitel ausgesucht hast, telefonierst.

M 1 Jakob telefoniert mit einem Praktikumsbetrieb

Jakob und Florentina haben sich über mögliche Praktikumsbetriebe in ihrer Region informiert. Florentina hat im Internet recherchiert und ist auf die Firma *DSS Digital System Solution* gestoßen. Sie hat sich wichtige Informationen herausgeschrieben, um sich auf den Anruf bei der Firma vorzubereiten. Das Telefonat mit dem Personalchef verlief gut. Sie hat ihre Praktikumsstelle bekommen. Jakob hat die Adresse der Kunstschmiede *Stylework* im Branchenbuch gefunden. Er hat sich nicht ganz so gut auf sein Telefonat bezüglich der Praktikumsstelle vorbereitet:

…

Sekretärin: Gut, die fehlenden Daten suchst du bitte heraus und rufst mich nochmal an. Jetzt brauche ich noch ein paar Informationen für unseren Chef. Denn der entscheidet, ob du hier bei uns als Praktikant arbeiten kannst. Welchen Beruf möchtest du denn gerne kennenlernen?

Jakob: Also ich interessiere mich vor allem für Metallberufe.

Sekretärin: Warum glaubst du denn, dass Metallberufe etwas für dich sind?

Jakob: Ich habe schon ein Praktikum in der Verwaltung gemacht und dabei festgestellt, dass so ein Beruf nichts für mich ist. Und Arbeitslehre ist mein Lieblingsfach. Da arbeiten wir mit Holz und Metall. Darin ich bin richtig gut.

Sekretärin: Na, dann bist du ja bei uns an der richtigen Adresse. Aber warum hast du ausgerechnet bei uns angerufen? Es gibt doch hier am Ort noch andere metallverarbeitende Betriebe.

Jakob: Also, ein Freund von mir hat im letzten Sommer bei Ihnen ein Praktikum gemacht und er war total zufrieden.

Sekretärin: Gut. Ich rede mit unserem Chef. Notiere dir bitte seine Durchwahl. Und dann rufst du morgen zwischen neun und zehn Uhr an.

Jakob: Ja, das mache ich. Aber ich muss zuerst noch etwas zum Schreiben suchen.

…

M 2 Fragen, mit denen man während eines Telefonats über eine Praktikumsstelle rechnen muss

Welche Schule besuchst du denn und welchen Schulabschluss möchtest du machen?
Wer betreut das Praktikum an eurer Schule?
Hast du bereits einen bestimmten Berufswunsch?
Warum möchtest du dein Praktikum denn ausgerechnet bei uns machen?
Was versprichst du dir von einem Praktikum bei uns?
Was glaubst du, ist der Unterschied zwischen einem Praktikum und der Schule?
Bei uns bewerben sich jedes Jahr viele Praktikanten. Warum sollten wir dich nehmen?
Bis wann kannst du uns eine schriftliche Bewerbung schicken?
Bis wann kannst du uns die Praktikumsanmeldung der Schule schicken?
Was möchtest du noch über ein Praktikum in unserer Firma wissen?

Pflichtaufgaben

1. Wie haben Jakob und Florentina jeweils ihren Praktikumsbetrieb gefunden?

2. Untersuche Jakobs Telefonat (M 1). Unterstreiche alles, was er im Telefonat gut gemacht hat, grün. Unterstreiche seine Fehler rot.

3. Wird Jakob die begehrte Praktikumsstelle erhalten?
Begründe deine Meinung.

Wahlaufgaben

Schreibe die Aufgabenstellung deiner Wahlaufgabe auf.
Kreise dann das entsprechende Symbol ein.

Ich denke über mich selbst nach

Fülle die Leerstellen im Telefongespräch mit Informationen zu deiner Person. Stelle dir dazu vor, dass du mit der Sekretärin des Praktikumsbetriebs, den du dir im vorangegangenen Kapitel ausgesucht hast, telefonierst.

__________: Guten Tag, mein Name ist ______________________________.
Ich rufe an, weil ich eine Praktikumsstelle suche.

Sekretärin: Guten Tag, aha eine Praktikumsstelle, darum geht es! Wann willst du denn ein Praktikum machen?

__________: Also vom ____________________ bis zum ____________________.

Sekretärin: Ist das ein Schulpraktikum oder ein freiwilliges Praktikum?

__________: Das Praktikum ist ein Schulpraktikum.

Sekretärin: Ich verstehe. Dann gib mir doch bitte deine Schuladresse, damit ich die Versicherungsfrage abklären kann.

__________: Meine Schule heißt: ______________________________.
Die genaue Adresse lautet: ______________________________
____
____

Sekretärin: Und die Telefonnummer. Kannst du mir die auch geben?

__________: Selbstverständlich. Sie lautet: ______________________________.

Sekretärin: Ich habe jetzt nur noch zwei Fragen an dich. Warum glaubst du denn, dass unser Betrieb der richtige für dich ist?

__________: ____
____
____
____

Sekretärin: Und in welchem Berufsfeld möchtest du ein Praktikum bei uns machen?

__________: ____
____

Sekretärin: Gut, das waren alle Informationen, die ich im Moment benötige. Ich leite sie an unsere Chefin, Frau Tomkin weiter. Sie entscheidet, ob wir dir eine Praktikumsstelle anbieten werden. Hast du etwas zum Schreiben bereit? Ich gebe dir jetzt ihre Telefondurchwahl und dann rufst du sie übermorgen zwischen 10:00 Uhr und 11:00 Uhr an.

__________: ____

9. Wie schreibe ich einen Praktikumsbetrieb an?

Ich verfasse einen formellen Brief

Dein Punktekonto zum Kapitel „Wie schreibe ich einen Praktikumsbetrieb an?“

Mit jeder Aufgabe, die du bearbeitest, kannst du Punkte sammeln. Hier erfährst du, wie viele Punkte bei den jeweiligen Aufgaben erreichbar sind. Mithilfe der Smileys schätzt du die Qualität deiner Arbeit selbst ein. Bewertest du dich eher schlecht, ist es sinnvoll, deine Arbeitsergebnisse im Anschluss zu korrigieren.
Die letzte Spalte wird zur Bewertung von deiner Lehrerin oder deinem Lehrer ausgefüllt. Selbstverständlich kann aus den erreichten Punkten auch eine Note abgeleitet werden.

Ich kann einen formellen Brief an einen Praktikumsbetrieb verfassen.	☺	😐	☹	**mögliche Punktzahl**	**erreichte Punktzahl**
Pflichtaufgabe 1				3	/ 3
Pflichtaufgabe 2				1	/ 1
Wahlaufgabe* *Banane*				2	/ 2
Wahlaufgabe *Orange*				3	/ 3
Wahlaufgabe *Harte Nuss*				4	/ 4
Ich denke über mich selbst nach				7	/ 7
Gesamtpunktzahl (Inhalt)				**15**	**/ 15**

* Die Bewertung erfolgt durch Abzug von Punkten (Banane = minus 0,25 Punkte pro Fehler / Orange = minus 0,5 Punkte pro Fehler).

Lies M 1. Bearbeite alle Pflichtaufgaben und eine Wahlaufgabe. Wende das Erlernte auf dich selbst an.

Pflichtaufgaben

1. In welchen Situationen wirst du wahrscheinlich selbst einmal einen formellen Brief verfassen müssen? Nenne drei Situationen.
2. Warum ist es wichtig, einen formellen Brief eigenständig verfassen zu können?

Wahlaufgaben

Finde die Elemente eines formellen Briefes im Bewerbungsanschreiben. Ziehe Linien zu den jeweils passenden Textabschnitten. Verwende dazu ein Lineal.

Notiere die Bezeichnungen für die Elemente eines formellen Briefes an den richtigen Stellen im Briefbogen. Achte dabei auf die Leerzeilen, die durch die Punkte angezeigt werden.

Hilf Jakob bei der Formulierung seines Bewerbungsanschreibens. Ergänze die Textlücken. Arbeite mit dem Wortspeicher.

Ich denke über mich selbst nach

Verfasse mit deinen eigenen Daten ein Bewerbungsanschreiben um einen Praktikumsplatz in einem Berufsfeld und Betrieb deiner Wahl.

M 1 Jakob soll ein Bewerbungsanschreiben verfassen

Jakob und Florentina sind froh darüber, Praktikumsplätze gefunden zu haben. Doch Jakob hat nun noch ein Problem, bei dem er seine Schwester um Hilfe bittet:

Jakob: Hallo Florentina, hast du einen Moment Zeit?

Florentina: Klar, Jakob, was gibt es denn?

Jakob: Die Kunstschmiede *Stylework* hat angerufen. Ich habe die Praktikumsstelle!

Florentina: Das ist doch toll! Und wo ist das Problem?

Jakob: *Stylework* will, dass ich mich jetzt auch noch schriftlich bewerbe. Sie sagen, sie brauchen ein formelles Bewerbungsanschreiben für ihre Akten.

Florentina: Ein formelles Anschreiben … Du hast keine Ahnung, was das ist. Stimmts?

Jakob: Ja, genau! Und du hast ja schon für deine erste Praktikumsstelle einige geschrieben und weißt, wie das geht. Außerdem kannst du viel besser mit dem Computer umgehen als ich.

Florentina: Du erwartest jetzt aber nicht, dass ich dir den Brief schreibe, oder?

Jakob: Mhmmm.

Florentina: Schlag dir das gleich aus dem Kopf! Ich kann dir helfen und dir mein Bewerbungsanschreiben als Muster für deinen Brief geben. Aber den Brief an *Stylework* wirst du auf jeden Fall selbst schreiben.

Jakob: Aber warum denn? So viel Arbeit kann das für dich doch wirklich nicht sein.

Florentina: Es geht nicht um die Arbeit. Es geht einfach darum, dass du dich selbst bewerben sollst. Es ist dein Praktikum, nicht meins! Außerdem, denk doch mal weiter. Wer schreibt dir denn im nächsten Jahr deine Bewerbungen? Und wenn du später einmal einen Mietvertrag kündigen willst, wer verfasst dir dann den Brief dafür? Und wenn du etwas mit einer Behörde klären willst …

Jakob: Na gut, ich habe es verstanden. Aber du wirst mir helfen?

Florentina: Natürlich! Du weißt ja bereits, dass ein Bewerbungsanschreiben mit dem Computer verfasst wird. Und das machen wir jetzt zusammen! Am besten erkläre ich dir das Wesentliche mithilfe meines Bewerbungsanschreibens.

Pflichtaufgaben

1. In welchen Situationen wirst du wahrscheinlich selbst einmal einen formellen Brief verfassen müssen? Nenne drei Situationen.

2. Warum ist es wichtig, einen formellen Brief eigenständig verfassen zu können?

Wahlaufgaben

Finde die Elemente eines formellen Briefes im Bewerbungsanschreiben.
Ziehe Linien zu den jeweils passenden Textabschnitten. Verwende dazu ein Lineal.

- Absender
- Empfänger
- Datum
- Bewerbungssatz
- Interessen, Fähigkeiten
- Betreff
- Anrede
- Einleitungssatz
- Bitte um ein Vorstellungsgespräch
- Begründung der Bewerbung
- Grußformel
- Unterschrift

•
•
•
•

Florentina Blume 12. Januar 20..
Hauptstraße 29
12345 Gartenstadt
Tel.: 0172 09876
E-Mail: florentina.blume@mail.de

•
•
•
•
•
•

Keramik GmbH
z. Hd. Herrn Stefan Schneider
Industriestraße 12
12345 Gartenstadt

•
•
•
•

Bewerbung um einen Praktikumsplatz im IT-Bereich

•
•

Sehr geehrter Herr Schneider,

•

ich bin Schülerin des Marie-Curie-Gymnasiums und besuche die 9. Klasse. Im Mai absolvieren alle Schülerinnen und Schüler dieser Klassenstufe ein Betriebspraktikum.

•

Mein Schulpraktikum möchte ich in der IT-Abteilung Ihres Unternehmens machen.

•

Über Ihr Unternehmen habe ich mich im Internet informiert und dabei herausgefunden, dass Sie über eine eigene IT-Abteilung verfügen. Daraufhin habe ich den Personalchef angerufen, der mir empfahl, mich mit meiner Bewerbung direkt an Sie als Leiter der IT-Abteilung zu wenden.

•

Seit meiner Grundschulzeit interessiere ich mich für Computer. Ich kenne alle wesentlichen Systemkomponenten und kann mit ihnen umgehen. Außerdem kann ich Programme nutzen und auch selbst programmieren. An meiner Schule besuche ich die Informatik-AG und meine Noten in Mathematik und den naturwissenschaftlichen Fächern sind ausgezeichnet.

•

Ich würde mich freuen, wenn Sie mich zu einem Vorstellungsgespräch einladen würden.

•

Mit freundlichen Grüßen

Florentina Blume

Notiere die Bezeichnungen für die Elemente eines formellen Briefes an den richtigen Stellen im Briefbogen. Achte dabei auf die Leerzeilen, die durch die Punkte angezeigt werden.

- Absender
- Empfänger
- Datum
- Bewerbungssatz
- Interessen, Fähigkeiten
- Betreff
- Anrede
- Einleitungssatz
- Bitte um ein Vorstellungsgespräch
- Begründung der Bewerbung
- Grußformel
- Unterschrift

Hilf Jakob bei der Formulierung seines Bewerbungsanschreibens. Ergänze die Textlücken. Arbeite mit dem Wortspeicher.

•
•
•
•

Jakob Blume 05. Juni 20..
Hauptstraße 29
12345 Gartenstadt
Tel.: 0172 43701
E-Mail: jakob.blume@mail.de

•
•
•
•
•
•

Kunstschmiede Stylework
____
Handwerkergasse 16
12345 Gartenstadt

•
•
•
•

Bewerbung um einen ______________________

•
•

Sehr geehrter Herr Hammer,

•

ich bin Schüler der Gemeinschaftsschule und besuche die ______________________.

•

In den Sommerferien möchte ich ein ______________________ in Ihrem Unternehmen absolvieren.

•

Einer meiner Freunde hat mir begeistert von seinem Praktikum bei Ihnen im vergangenen Jahr erzählt. Deshalb bewerbe ich mich um einen Praktikumsplatz in Ihrem Betrieb.

•

Mein Lieblingsfach in der Schule ist ______________________. Im ______________________ ______________________ habe ich sehr gute Noten.

Außerdem bin ich in der Jugendfeuerwehr aktiv und spiele ______________________.

•

Ich würde mich freuen, wenn Sie mich zu einem ______________________ einladen würden.

•

Mit freundlichen Grüßen

Jakob Blume

Vorstellungsgespräch ▪ freiwilliges Praktikum ▪ Holz- und Metallbereich ▪ Handball ▪ Praktikumsplatz ▪ 8. Klasse ▪ Arbeitslehre ▪ z. Hd. Herrn Gunther Hammer

Ich denke über mich selbst nach

Verfasse mit deinen eigenen Daten ein Bewerbungsanschreiben um einen Praktikumsplatz in einem Berufsfeld und Betrieb deiner Wahl.

•
•
•
•

_______________ _______________
____
____
____
____

•
•
•
•
•
•

____
____
____
____

•
•
•
•

Bewerbung um einen Praktikumsplatz _______________

•
•

Sehr geehrte(r) _______________,

•

ich bin Schüler(in) der _______________ und besuche die _______________ Klasse.

•

Vom _______________ bis zum _______________ möchte ich ein Praktikum in Ihrem Unternehmen absolvieren.

•

Einer meiner Freunde hat mir begeistert von seinem Praktikum bei Ihnen im vergangenen Jahr erzählt. Deshalb bewerbe ich mich um einen Praktikumsplatz in Ihrem Betrieb.

•

Ich interessiere mich besonders für (*Schreibe hier etwas über deine Interessen, Fähigkeiten und Hobbys*) _______________
____
____
____

•

Ich würde mich freuen, wenn Sie mich zu einem _______________ einladen würden.

•

Mit freundlichen Grüßen

____

Teil II: Während des Praktikums

Darum geht es!

Wer glaubt, dass ein Praktikum immer eine Erfolgsstory sein muss, der irrt sich. Während des Praktikums kann manchmal auch etwas schiefgehen. Dann ist es wichtig, richtig auf diese Probleme zu reagieren, sie offen anzusprechen und sich Hilfe zu holen. Dabei hilft dir deine Praktikumsbetreuerin oder dein Praktikumsbetreuer in der Schule und im Betrieb. An sie oder ihn wendest du dich, wenn du Probleme hast und darüber sprechen möchtest.
Verläuft dein Praktikum hingegen ganz nach Wunsch, dann findest du in deiner Praktikumsbetreuerin bzw. deinem Praktikumsbetreuer ein Gegenüber, das sich für dich und dein Praktikum interessiert und dir gerne zuhört.
Um Klarheit zu haben, an wen du dich wenden kannst, ist es sinnvoll, wichtige Kontaktinformationen zur Hand zu haben.

Wichtige Kontaktinformationen

Mein Praktikumsbetrieb

____

Name

____

Straße | Hausnummer

____

Postleitzahl | Ort

____________________ | ____________________

Telefon | E-Mail

Meine Praktikumsbetreuerin/mein Praktikumsbetreuer im Betrieb

____________________ | ____________________

Name | Telefonnummer im Betrieb

Meine Praktikumsbetreuerin/mein Praktikumsbetreuer in der Schule

____________________ | ____________________

Name | Telefonnummer meiner Schule

1. Was erhoffe ich mir von meinem Praktikum?

Ich denke über meine Erwartungen nach

Dein Punktekonto zum Kapitel „Was erhoffe ich mir von meinem Praktikum?“

Mit jeder Aufgabe, die du bearbeitest, kannst du Punkte sammeln. Hier erfährst du, wie viele Punkte bei den jeweiligen Aufgaben erreichbar sind. Mithilfe der Smileys schätzt du die Qualität deiner Arbeit selbst ein. Bewertest du dich eher schlecht, ist es sinnvoll, deine Arbeitsergebnisse im Anschluss zu korrigieren.
Die letzte Spalte wird zur Bewertung von deiner Lehrerin oder deinem Lehrer ausgefüllt. Selbstverständlich kann aus den erreichten Punkten auch eine Note abgeleitet werden.

Ich kann meine Erwartungen an das Praktikum darstellen.	☺	😐	☹	**mögliche Punktzahl**	**erreichte Punktzahl**
Pflichtaufgabe 1				2	/2
Wahlaufgabe *Banane*				3	/3
Wahlaufgabe *Orange*				4	/4
Wahlaufgabe *Harte Nuss*				6	/6
Gesamtpunkte (Inhalt)				**8**	**/8**

Lies M 1. Bearbeite die Pflichtaufgabe und eine Wahlaufgabe.

Pflichtaufgabe
1. Fülle den Reflexionsbogen aus.

Wahlaufgaben

Ergänze den folgenden Satz dreimal: „Ich erwarte von meinem Praktikum, dass …“

Notiere spontan drei Begriffe, die dir zu deinem Praktikum einfallen.
Schreibe in einem Satz auf, worauf du dich besonders freust.
Macht dir etwas Sorgen? Notiere dazu deine Gefühle.

Verfasse einen Tagebucheintrag, in dem du deine Erwartungen an das Praktikum festhältst.

M 1 Erwartungen an das Praktikum

Praktikantinnen und Praktikanten sollen im Betrieb bestimmte Erwartungen erfüllen: Sie sollen höflich sein, besonders gegenüber Kunden. Außerdem sollen sie aufmerksam sein und den Arbeitsprozessen folgen. Schließlich sollen sie zuverlässig und pünktlich sein.
Aber nicht nur die Chefin oder der Chef haben Erwartungen an ihre Praktikanten. Auch die Schülerinnen und Schüler haben Erwartungen an ihr Praktikum und ihren Praktikumsbetrieb.

Pflichtaufgabe

1. Fülle den Reflexionsbogen aus.

Ich erwarte, …	☺	😐	☹
dass ich mit meiner Chefin oder meinem Chef gut auskomme.			
dass ich nette Kolleginnen und Kollegen habe.			
dass ich mit Kundinnen und Kunden keine Probleme bekomme.			
dass ich interessante Gespräche mit Auszubildenden führe.			
dass die Atmosphäre im Betrieb mir gefällt.			
dass ich gut betreut werde.			
dass ich freundlich behandelt werde, auch wenn ich Fehler mache.			
dass ich keine Konflikte haben werde.			
dass ich den langen Arbeitstag durchhalte.			
dass ich praktisch arbeite.			
dass ich Kunden besuche oder auf Baustellen fahre.			
dass ich am Schreibtisch arbeite.			
dass ich die Arbeit bewältigen kann.			
dass ich sinnvolle Arbeiten zugewiesen bekomme.			
dass ich mich nicht langweile und immer beschäftigt bin.			
dass ich durch die Arbeit viel lerne.			

dass mir der Unterschied zwischen Schule und Arbeit klar wird.			
dass ich erfahre, ob ich für den Beruf geeignet bin.			
dass ich eine Ausbildungsstelle angeboten bekomme.			
dass ich durch mein Praktikum für die Schule motiviert werde.			

Wahlaufgaben

Schreibe die Aufgabenstellung deiner Wahlaufgabe auf. Kreise dann das entsprechende Symbol ein.

2. Was passiert im Betrieb? (1)

Ich beschreibe Tätigkeiten und Erfahrungen in Tagesberichten

Dein Punktekonto zum Kapitel „Was passiert im Betrieb? (1)“

Mit jeder Aufgabe, die du bearbeitest, kannst du Punkte sammeln. Hier erfährst du, wie viele Punkte bei den jeweiligen Aufgaben erreichbar sind. Mithilfe der Smileys schätzt du die Qualität deiner Arbeit selbst ein. Bewertest du dich eher schlecht, ist es sinnvoll, deine Arbeitsergebnisse im Anschluss zu korrigieren.
Die letzte Spalte wird zur Bewertung von deiner Lehrerin oder deinem Lehrer ausgefüllt. Selbstverständlich kann aus den erreichten Punkten auch eine Note abgeleitet werden.

Ich kann beschreiben, was im Betrieb passiert. ***Der erste Tag im Praktikum***	☺	😐	☹	**mögliche Punktzahl**	**erreichte Punktzahl**
Wahlaufgabe *Banane*				4	/4
Wahlaufgabe *Orange*				6	/6
Wahlaufgabe *Harte Nuss*				8	/8
Gesamtpunktzahl (Inhalt)				**8**	**/8**

Ich kann beschreiben, was im Betrieb passiert. ***Der beste Tag im Praktikum***	☺	😐	☹	**mögliche Punktzahl**	**erreichte Punktzahl**
Wahlaufgabe *Banane*				4	/4
Wahlaufgabe *Orange*				6	/6
Wahlaufgabe *Harte Nuss*				8	/8
Gesamtpunktzahl (Inhalt)				**8**	**/8**

**Während deines Praktikums schreibst du diese beiden Tagesberichte:
„Der erste Tag im Praktikum“ und „Der beste Tag im Praktikum“.
Lies M 1. Bearbeite jeweils eine Wahlaufgabe.**

Wahlaufgaben

Verfasse zu deinem Arbeitstag einen tabellarischen Tagesbericht. Trage deine Tätigkeiten und Pausen mit den jeweiligen Uhrzeiten in die Tabelle ein. Bewerte deine Tätigkeiten mithilfe der Smileys.

Schreibe einen Bericht, in dem du sachlich schilderst, was du im Verlauf des Tages getan hast. Zum Schluss bewertest du deinen Praktikumstag und begründest dein Urteil.
Der Text muss so geschrieben sein, dass ihn andere, die sich für eine ähnliche Praktikumsstelle interessieren, gut verstehen.

Verfasse einen Dialog zwischen dir und einer Person deiner Wahl. Ihr unterhaltet euch über deinen Tag im Praktikum. Du schilderst deine Tätigkeiten, Beobachtungen, Gefühle und Erfahrungen.

M 1 Was erlebst du im Praktikum?

Im Praktikum wirst du Dinge tun, die du zuvor wahrscheinlich noch nie in dieser Form getan hast. Du wirst mit wertvollen Maschinen arbeiten, für die du die Verantwortung trägst, und unbekannten Menschen begegnen, mit denen du klarkommen musst. Manche Tätigkeiten, wie beispielsweise das Reinigen deines Arbeitsplatzes, werden sich täglich wiederholen und zur Routine für dich werden. Andere Tätigkeiten, zum Beispiel ein Notfalleinsatz mit dem Werkstattwagen bei einem Kunden, werden einmalig sein.
Ein Teil deiner Beobachtungen und Erfahrungen ist es sicher wert, dokumentiert zu werden. Dazu dienen die Tagesberichte und Wochenberichte. Solltest du dich dafür entscheiden, eine Ausbildung zu absolvieren, dann wird das Schreiben solcher Berichte zu deinen regelmäßigen Pflichten gehören.

Wahlaufgaben: Der erste Tag im Praktikum

Verfasse zu deinem Arbeitstag einen tabellarischen Tagesbericht. Trage deine Tätigkeiten und Pausen mit den jeweiligen Uhrzeiten in die Tabelle ein. Bewerte deine Tätigkeiten mithilfe der Smileys.

Zeit: von ... bis	Tätigkeit	☺	😐	☹

Zeit: von ... bis	Tätigkeit	☺	😐	☹

Schreibe die Aufgabenstellung deiner Wahlaufgabe auf.
Kreise dann das entsprechende Symbol ein.

Wahlaufgaben: Der beste Tag im Praktikum

Verfasse zu deinem Arbeitstag einen tabellarischen Tagesbericht. Trage deine Tätigkeiten und Pausen mit den jeweiligen Uhrzeiten in die Tabelle ein. Bewerte deine Tätigkeiten mithilfe der Smileys.

Zeit: von ... bis	Tätigkeit	☺	😐	☹

Warum war dieser Tag dein bester Praktikumstag? Begründe.

Schreibe die Aufgabenstellung deiner Wahlaufgabe auf.
Kreise dann das entsprechende Symbol ein.

3. Was passiert im Betrieb? (2)

Ich beschreibe Tätigkeiten und Erfahrungen in einem Wochenbericht

Dein Punktekonto zum Kapitel „Was passiert im Betrieb? (2)“

Mit jeder Aufgabe, die du bearbeitest, kannst du Punkte sammeln. Hier erfährst du, wie viele Punkte bei den jeweiligen Aufgaben erreichbar sind. Mithilfe der Smileys schätzt du die Qualität deiner Arbeit selbst ein. Bewertest du dich eher schlecht, ist es sinnvoll, deine Arbeitsergebnisse im Anschluss zu korrigieren.
Die letzte Spalte wird zur Bewertung von deiner Lehrerin oder deinem Lehrer ausgefüllt. Selbstverständlich kann aus den erreichten Punkten auch eine Note abgeleitet werden.

Ich kann beschreiben, was im Betrieb passiert. ***Der Wochenbericht***	☺	😐	☹	**mögliche Punktzahl**	**erreichte Punktzahl**
Wahlaufgabe *Banane*				4	/ 4
Wahlaufgabe *Orange*				6	/ 6
Wahlaufgabe *Harte Nuss*				8	/ 8
Gesamtpunktzahl (Inhalt)				**8**	**/ 8**

Während deines Praktikums schreibst du einen Wochenbericht.
Bearbeite eine Wahlaufgabe.

Wahlaufgaben

Verfasse einen tabellarischen Wochenbericht. Trage die Schwerpunkte deiner täglichen Arbeit während der Woche in die Tabelle ein. Bewerte deine Tätigkeiten mithilfe der Smileys. Fasse deine Ergebnisse unter „Dein Wochenrückblick“ stichwortartig zusammen.

Schreibe einen Bericht, in dem du sachlich schilderst, was du im Verlauf der Woche getan hast. Zum Schluss bewertest du die Woche und begründest dein Urteil. Der Text muss so geschrieben sein, dass ihn andere, die sich für eine ähnliche Praktikumsstelle interessieren, gut verstehen.

Verfasse einen Dialog zwischen dir und einer Person deiner Wahl. Ihr unterhaltet euch darüber, wie die Woche im Praktikum gelaufen ist. Du schilderst deine Tätigkeiten, Beobachtungen, Gefühle und Erfahrungen.

Wahlaufgaben

Verfasse einen tabellarischen Wochenbericht. Trage die Schwerpunkte deiner täglichen Arbeit während der Woche in die Tabelle ein. Bewerte deine Tätigkeiten mithilfe der Smileys. Fasse deine Ergebnisse unter „Dein Wochenrückblick“ stichwortartig zusammen.

Wochentag	Tätigkeit	☺	😐	☹
Montag				
Dienstag				
Mittwoch				
Donnerstag				
Freitag				
Dein Wochenrückblick:				

Schreibe die Aufgabenstellung deiner Wahlaufgabe auf. Kreise dann das entsprechende Symbol ein.

4. Was passiert im Betrieb? (3)

Ich beschreibe eine berufstypische oder besondere Tätigkeit

Dein Punktekonto zum Kapitel „Was passiert im Betrieb? (3)"

Mit jeder Aufgabe, die du bearbeitest, kannst du Punkte sammeln. Hier erfährst du, wie viele Punkte bei den jeweiligen Aufgaben erreichbar sind. Mithilfe der Smileys schätzt du die Qualität deiner Arbeit selbst ein. Bewertest du dich eher schlecht, ist es sinnvoll, deine Arbeitsergebnisse im Anschluss zu korrigieren.
Die letzte Spalte wird zur Bewertung von deiner Lehrerin oder deinem Lehrer ausgefüllt. Selbstverständlich kann aus den erreichten Punkten auch eine Note abgeleitet werden.

Ich kann eine berufstypische Tätigkeit oder eine besonders interessante Tätigkeit beschreiben.	☺	😐	☹	**mögliche Punktzahl**	**erreichte Punktzahl**
Wahlaufgabe *Banane*				2	/2
Wahlaufgabe *Orange*				4	/4
Wahlaufgabe *Harte Nuss*				6	/6
Gesamtpunktzahl (Inhalt)				**6**	**/6**

Wähle eine berufstypische oder eine besonders interessante Tätigkeit aus, die du in deinem Praktikum kennengelernt hast.
Bearbeite eine Wahlaufgabe.

Wahlaufgaben

Bearbeite das Arbeitsblatt: Kreuze an und fülle aus.

Fülle das Interview aus. Beantworte die Fragen.

Schreibe einen Bericht. Beantworte darin die Fragen des Interviewers auf Seite 80 in einem zusammenhängenden Text.

Wahlaufgaben

Bearbeite das Arbeitsblatt: Kreuze an und fülle aus.

Ich beschreibe ☐ eine berufstypische Tätigkeit.
☐ eine besonders interessante Tätigkeit.

Die Tätigkeit besteht darin, dass ich ______________________________

____

____

Ich arbeite dabei ☐ in der Werkstatt. ☐ im Büro. ☐ bei einem Kunden.

Ich arbeite ☐ alleine. ☐ mit anderen zusammen.

Bei der Tätigkeit benutze ich folgende Maschinen und Werkzeuge: ______________

____

____

Für die Tätigkeit benötige ich ☐ weniger als eine Stunde.
☐ ein bis zwei Stunden.
☐ etwa vier Stunden.
☐ mehr als vier Stunden.

Wie führst du die Tätigkeit aus? Beschreibe mindestens drei Regeln, die du dabei beachten musst.

1. ____

____

2. ____

____

3. ____

____

Fülle das Interview aus. Beantworte die Fragen.

Hallo, darf ich dich fragen, wie du heißt und in welchem Betrieb du dein Praktikum machst?

Ja, sehr gern. Ich heiße ______________________________ und mein Praktikum mache ich bei ______________________________.

In jedem Beruf gibt es typische Tätigkeiten und besonders interessante oder anspruchsvolle. Ich würde mich freuen, wenn du mir eine dieser Tätigkeiten genauer beschreiben könntest, dann kann ich mir ein besseres Bild von deinem Praktikumsberuf machen.

Also, dann stelle ich dir eine ______________________ Tätigkeit meines Praktikumsberufes vor.

Und welche Tätigkeit stellst du mir vor?

____

____

____

Worin besteht denn diese Tätigkeit genau?

____

____

____

____

Ach so! Und arbeitest du dabei allein?

____

Wie lange bist du mit dieser Tätigkeit beschäftigt?

____

Und welche besonderen Maschinen oder Werkzeuge benötigst du, um diese Tätigkeit auszuführen?

____

____

____

Welche Regeln muss man denn bei dieser Tätigkeit unbedingt beachten?

____

____

____

____

Schreibe einen Bericht. Beantworte darin die Fragen des Interviewers auf Seite 80 in einem zusammenhängenden Text.

Teil III: Nach dem Praktikum

Darum geht es!

Du hast dein Praktikum absolviert. Jetzt solltest du überlegen, wie du andere an deinen Erfahrungen teilhaben lassen kannst. Beispielsweise könnt ihr in der Klasse Gruppen bilden und gemeinsam eine Präsentation erstellen. Ihr könnt eine PowerPoint-Präsentation mit dem Computer oder eine Plakatpräsentation erarbeiten. Wie das geht, erfahrt ihr auf den folgenden Seiten.
Zunächst gilt es also, mit anderen, die im gleichen Berufsfeld gearbeitet haben, eine Arbeitsgruppe zu bilden:

1. Fülle eine der folgenden Sprechblasen für dich aus.
2. Suche dann in der Klasse höchstens drei Partnerinnen oder Partner, die im gleichen Berufsfeld tätig waren und mit denen du zusammenarbeiten möchtest. Lass sie jeweils auch eine Sprechblase ausfüllen.
3. Zeigt eurer Lehrerin oder eurem Lehrer die Gruppenplanung und lasst diese abzeichnen.

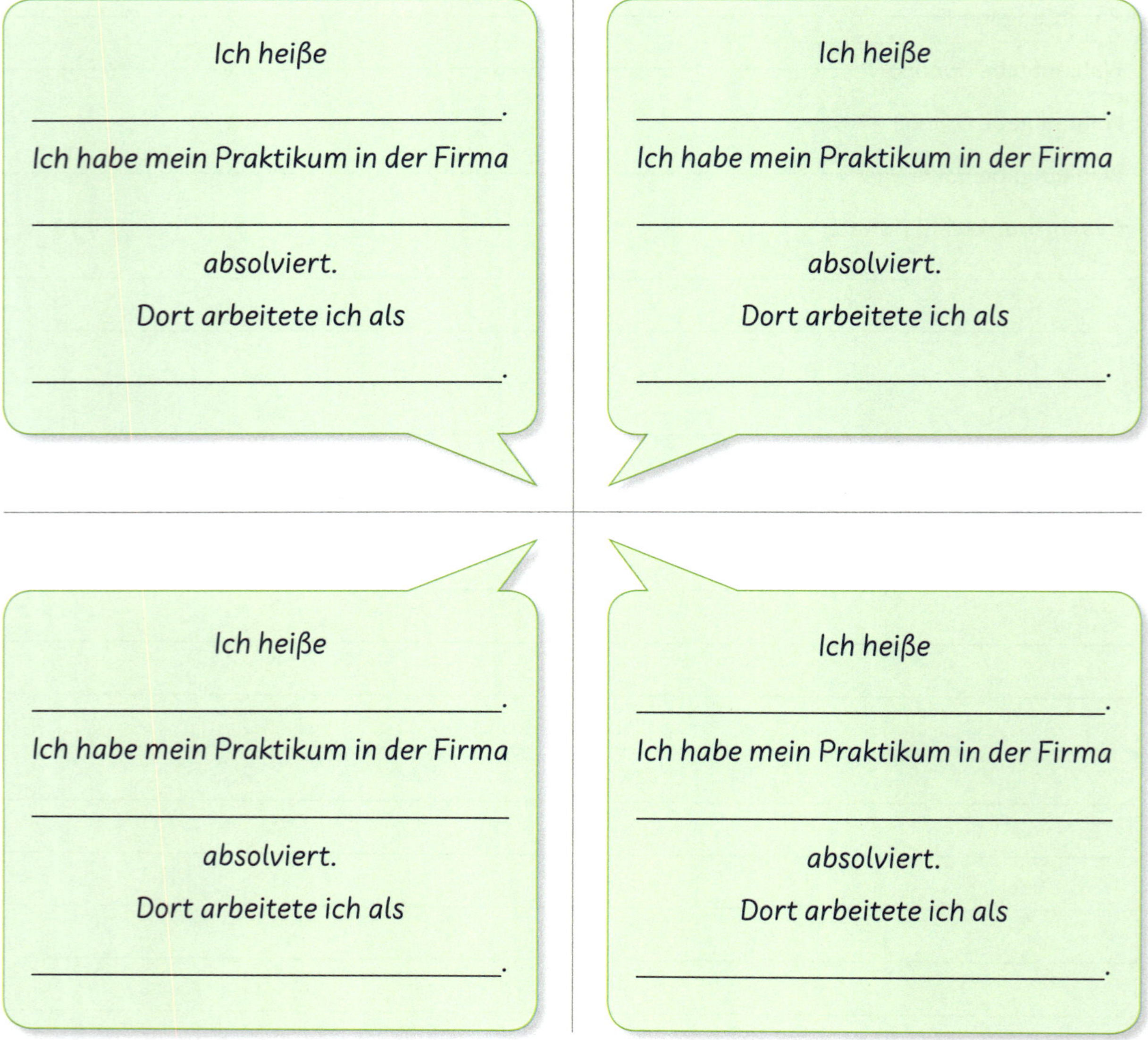

1. Was hat mir mein Praktikum gebracht?

Ich vergleiche meine Erfahrungen mit meinen Erwartungen

Dein Punktekonto zum Kapitel „Was hat mir mein Praktikum gebracht?“

Mit jeder Aufgabe, die du bearbeitest, kannst du Punkte sammeln. Hier erfährst du, wie viele Punkte bei den jeweiligen Aufgaben erreichbar sind. Mithilfe der Smileys schätzt du die Qualität deiner Arbeit selbst ein. Bewertest du dich eher schlecht, ist es sinnvoll, deine Arbeitsergebnisse im Anschluss zu korrigieren.
Die letzte Spalte wird zur Bewertung von deiner Lehrerin oder deinem Lehrer ausgefüllt. Selbstverständlich kann aus den erreichten Punkten auch eine Note abgeleitet werden.

Ich kann meine Erfahrungen mit meinen Erwartungen vergleichen und Schlüsse für meine Berufswahl ziehen.	☺	😐	☹	**mögliche Punktzahl**	**erreichte Punktzahl**
Pflichtaufgabe 1				2	/ 2
Wahlaufgabe *Banane*				3	/ 3
Wahlaufgabe *Orange*				6	/ 6
Wahlaufgabe *Harte Nuss*				8	/ 8
Gesamtpunktzahl (Inhalt)				**10**	**/ 10**

<table>
<tr><th colspan="2">Lies M 1. Bearbeite die Pflichtaufgabe und eine Wahlaufgabe.</th></tr>
<tr><td></td><td>Pflichtaufgabe
1. Fülle den Reflexionsbogen aus. Setze in jeder Zeile ein grünes und ein rotes Kreuz: Mit Grün überträgst du deine Erwartungen, die du zu Beginn deines Praktikums hattest (siehe Reflexionsbogen auf Seite 68 – 69). Mit Rot bewertest du deine Erfahrungen während des Praktikums.</td></tr>
<tr><td></td><td>Wahlaufgaben
Wurden deine Erwartungen im Praktikum erfüllt? Ergänze die Satzanfänge.</td></tr>
<tr><td></td><td>Notiere drei deiner Stärken und drei deiner Schwächen, die sich im Praktikum gezeigt haben. Beschreibe dann in Form eines Briefes an eine Freundin oder einen Freund, was dir im Praktikum besonderen Spaß gemacht und was dir Sorgen bereitet hat.</td></tr>
<tr><td></td><td>Schreibe einen Tagebucheintrag, in welchem du deine Erwartungen mit deinen Erfahrungen im Praktikum vergleichst.</td></tr>
</table>

M 1 Der Blick zurück auf die Praktikumszeit

Das Praktikum ist vorbei. Doch was hat es dir gebracht? Weißt du nun, wie es mit deiner Berufswahl weitergeht? Oder bist du noch unentschlossen? Mithilfe der folgenden Aufgaben kannst du über diese Fragen nachdenken.

Pflichtaufgabe

1. Fülle den Reflexionsbogen aus. Setze in jeder Zeile ein grünes und ein rotes Kreuz:
Mit *Grün* überträgst du deine Erwartungen, die du zu Beginn deines Praktikums hattest (siehe Reflexionsbogen auf Seite 68 – 69). Mit *Rot* bewertest du deine Erfahrungen während des Praktikums.

X Ich habe erwartet … X Ich habe erfahren …	☺	😐	☹
dass ich mit meiner Chefin oder meinem Chef gut auskomme.			
dass ich nette Kolleginnen und Kollegen habe.			
dass ich mit Kundinnen und Kunden keine Probleme bekomme.			
dass ich interessante Gespräche mit Auszubildenden führe.			
dass die Atmosphäre im Betrieb mir gefällt.			
dass ich gut betreut werde.			
dass ich freundlich behandelt werde, auch wenn ich Fehler mache.			
dass ich keine Konflikte haben werde.			
dass ich den langen Arbeitstag durchhalte.			
dass ich praktisch arbeite.			
dass ich Kunden besuche oder auf Baustellen fahre.			
dass ich am Schreibtisch arbeite.			
dass ich die Arbeit bewältigen kann.			
dass ich sinnvolle Arbeiten zugewiesen bekomme.			

dass ich mich nicht langweile und immer beschäftigt bin.			
dass ich durch die Arbeit viel lerne.			
dass mir der Unterschied zwischen Schule und Arbeit klar wird.			
dass ich erfahre, ob ich für den Beruf geeignet bin.			
dass ich eine Ausbildungsstelle angeboten bekomme.			
dass ich durch mein Praktikum für die Schule motiviert werde.			

Wahlaufgaben

Wurden deine Erwartungen im Praktikum erfüllt? Ergänze die Satzanfänge.

A Hier listest du jene Erfahrungen auf, die mit deinen Erwartungen übereinstimmen. Du erkennst sie daran, dass du im Reflexionsbogen die grünen und roten Kreuze beim selben Smiley gemacht hast.

Meine Erwartungen wurden erfüllt, weil …

B Hier listest du alle Erwartungen auf, bei denen du im Reflexionsbogen das rote Smiley rechts vom grünen Smiley gesetzt hast.

Meine Erfahrungen im Praktikum waren besser als erwartet. Ich habe erfahren, …

C Hier listest du alle Erwartungen auf, bei denen du im Reflexionsbogen das rote Smiley links vom grünen Smiley gesetzt hast.

Meine Erfahrungen im Praktikum waren schlechter als erwartet. Ich habe erfahren, …

D Was musst du bis zum Berufseintritt noch lernen? Werte deine Erfahrungen aus.

Bis zum Berufseintritt muss ich lernen, …

**Schreibe die Aufgabenstellung deiner Wahlaufgabe auf.
Kreise dann das entsprechende Symbol ein.**

2. Wie kann ich andere über meine Praktikumserfahrungen informieren?

Ich präsentiere mein Praktikum

Dein Punktekonto zum Kapitel „Wie kann ich andere über meine Praktikumserfahrungen informieren?“

Mit jeder Aufgabe, die du bearbeitest, kannst du Punkte sammeln. Mithilfe der Smileys schätzt du die Qualität deiner Arbeit selbst ein. Bewertest du dich eher schlecht, ist es sinnvoll, deine Arbeitsergebnisse im Anschluss zu korrigieren.
Die letzte Spalte wird zur Bewertung von deiner Lehrerin oder deinem Lehrer ausgefüllt. Selbstverständlich kann aus den erreichten Punkten auch eine Note abgeleitet werden.

Ich kann zu meinen Erfahrungen im Praktikum eine Präsentation gestalten und diese vortragen.	☺	😐	☹	**erreichte Punktzahl***
Pflichtaufgabe 1				
Pflichtaufgabe 2				
Pflichtaufgabe 3				
Gesamtpunktzahl (Inhalt)				

* Die Bewertung der Präsentation hängt vom festgelegten Umfang und vom Anspruchsniveau ab. Da diese von den Fachlehrerinnen und -lehrern individuell oder gruppenspezifisch festgelegt werden, kann keine feste Punktzahl angegeben werden.

Lies M 1 bis M 4. Bearbeite die Pflichtaufgaben.

Pflichtaufgaben

1. Einigt euch in der Gruppe auf interessante Themen für eure Präsentation. Nutzt dazu die unten stehende Auswahl.
2. Entscheidet in Absprache mit eurer Lehrerin oder eurem Lehrer, ob ihr eine Plakatpräsentation (M 2) oder eine PowerPoint-Präsentation (M 3) erstellen wollt. Geht vor, wie in den einzelnen Schritten beschrieben, und überprüft eure Präsentation anschließend mithilfe des Checks.
3. Übt euren Vortrag ein (M 4). Gebt euch in der Gruppe dabei gegenseitig Rückmeldung.

M 1 Was macht eine gute Präsentation aus?

Jede Präsentation braucht eine klare Struktur. Nur dann wird man sie verstehen können. Natürlich sollte eure Präsentation auch gut aussehen, denn dann wird sie das Interesse der Zuhörerinnen und Zuhörer wecken. Schließlich muss euer Vortrag sitzen. Niemand hört gerne jemandem zu, der inhaltlich unsicher ist und vom Blatt abliest.

Pflichtaufgaben

1. Einigt euch in der Gruppe auf interessante Themen für eure Präsentation. Nutzt dazu die unten stehende Auswahl.

Wir wählen folgende Schwerpunkte für unsere Präsentation:

____

____

____

____

____

Tipps

Arbeitsschwerpunkte

Unsere Praktikumsbetriebe

Unser Praktikumsberuf

Das wurde von uns erwartet

...

Das war toll im Praktikum

Vorsicht!

M 2 Eine Plakatpräsentation erstellen

Ein Plakat macht das, was du sagst, anschaulich. Deshalb hilft ein Plakat den Zuhörerinnen und Zuhörern, deinen Vortrag besser zu verstehen. Aber auch für dich selbst ist das Plakat eine Hilfe: Es zeigt dir wie ein Navigationsgerät einen Weg durch die vielen Informationen deines Vortrags.

So geht ihr vor:

1. Schritt: Sammelt Informationen und Bilder zu euren Praktika.

2. Schritt: Gliedert euer Plakat, indem ihr …
- Oberbegriffe findet, die das Thema gliedert.
- den Oberbegriffen wichtige Informationen zuordnet.
- den Oberbegriffen passende Bilder zuordnet.
- eine sinnvolle Anordnung der Oberbegriffe auf dem Plakat findet.
- eine Plakatskizze auf ein DIN-A4-Blatt zeichnet.

3. Schritt: Gestaltet euer Plakat, indem ihr …
- eure Skizze auf das Plakat übertragt.
- mit Bleistift vorschreibt.
- euer Plakat ausgestaltet und dabei:
  - eine Themenüberschrift anfertigt,
  - Informationen in Stichworten auf das Plakat schreibt,
  - Farben zur Verdeutlichung der Oberbegriffe und wichtiger Inhalte verwendet,
  - groß und deutlich schreibt, sodass die Schrift aus drei Metern Abstand noch gut lesbar ist,
  - die Bilder sauber aufklebt,
  - euer Plakat klar aufbaut: Die einzelnen Elemente sind gut erkennbar und deutlich voneinander abgegrenzt anordnet,
- überprüft, ob euer Plakatentwurf gut lesbar ist.

Unser Plakat-Check	☺	😐	☹
So haben wir unser Plakat entworfen:			
Wir haben Informationen unseren Themenschwerpunkten (Oberbegriffen) zugeordnet.			
Wir haben den Informationen passende Bilder zugeordnet.			
Wir haben eine Plakatskizze angefertigt.			
So haben wir unser Plakat gestaltet:			
Wir haben eine Themenüberschrift angefertigt.			
Wir haben Informationen in Stichworten auf das Plakat geschrieben.			
Wir haben Farben zur Verdeutlichung der Oberbegriffe und wichtiger Inhalte verwendet.			
Wir haben groß und deutlich geschrieben, sodass die Schrift aus drei Metern Entfernung gut lesbar ist.			
Wir haben Bilder sauber aufgeklebt.			
Wir haben unser Plakat klar aufgebaut: Die einzelnen Elemente sind gut erkennbar und deutlich voneinander abgegrenzt angeordnet.			

M 3 Eine PowerPoint-Präsentation erstellen

Eine PowerPoint-Präsentation macht das, was du sagst, anschaulich. Deshalb hilft sie den Zuhörerinnen und Zuhörern, deinen Vortrag besser zu verstehen. Aber auch für dich selbst ist die PowerPoint-Präsentation eine Hilfe: Sie zeigt dir wie ein Navigationsgerät einen Weg durch die vielen Informationen deines Vortrags.

So geht ihr vor:

1. Schritt: Sammelt Informationen und Bilder zu euren Praktika.

2. Schritt: Wählt eine Formatvorlage aus.
Eure Formatvorlage sollte eine einfache Struktur haben. Diese Struktur sollte zu den Praktikumsinhalten passen.

3. Schritt: Gestaltet die Formatvorlage so, dass sie zu euren Inhalten passt.

4. Schritt: Gestaltet Themenüberschriften (Oberbegriffe).

5. Schritt: Formuliert eure Texte. Jeder Text soll aus maximal sieben Stichworten bestehen und eine Überschrift haben.

6. Schritt: Fügt passende Bilder zur Veranschaulichung eurer Texte ein.

7. Schritt: Gestaltet eine Themenfolie (Thema + passendes Foto + Namen der Gruppenmitglieder) und eine Schlussfolie, mit der ihr euch für die Aufmerksamkeit eurer Zuhörerinnen und Zuhörer bedankt.

Tipps: Die PowerPoint-Präsentation wird nicht animiert. Animationen lenken eure Zuhörerinnen und Zuhörer von dem, was ihr mitteilen wollt, ab.
Wählt eine einfache, gut lesbare Schrift (z.B. Arial) und achtet auf eine angemessene Schriftgröße (z.B. Schriftgrad 20).
Setzt Farben sparsam und gezielt ein, um beispielsweise etwas besonders hervorzuheben.

Unser PowerPoint-Check	☺	😐	☹
Wir haben eine einfache Formatvorlage gewählt.			
Unsere Formatvorlage passt zu unserem Thema.			
Wir haben unsere Präsentation mit Themenüberschriften (Oberbegriffen) gegliedert.			
Wir haben unsere Texte in Stichworten und mit Überschrift verfasst.			
Wir haben in der Regel für jede Folie nur sieben Stichworte formuliert.			
Wir haben den Texten passende Bilder zugeordnet.			
Wir haben eine Themenfolie gestaltet.			
Wir haben eine Schlussfolie gestaltet.			

2. Entscheidet in Absprache mit eurer Lehrerin oder eurem Lehrer, ob ihr eine Plakatpräsentation (M 2) oder eine PowerPoint-Präsentation (M 3) erstellen wollt. Geht vor, wie in den einzelnen Schritten beschrieben, und überprüft eure Präsentation anschließend mithilfe des Checks.

M 4 Den Vortrag einüben

Nachdem ihr die Gestaltung eurer Plakat- oder PowerPoint-Präsentation abgeschlossen habt, gilt: Der Vortrag muss eingeübt werden! Tut ihr das nicht, ist es so, als würdet ihr kurz vor dem Zieleinlauf stehen bleiben. Übt den Vortrag daher folgendermaßen ein:
Zu Beginn eures Vortrags stellt ihr euch vor und sagt, wer aus eurer Gruppe welches Unterthema erläutern wird. Das setzt natürlich voraus, dass ihr euch dazu vorher verbindlich abgesprochen habt.
Während eures Vortrags zeigt ihr immer wieder auf die entsprechenden Stellen auf eurem Plakat oder in eurer PowerPoint-Präsentation. Das erleichtert es euren Zuhörerinnen und Zuhörern, die Informationen des Vortrags zu verstehen.
Außerdem drückt ihr euch verständlich aus und sucht den Blickkontakt zu euren Zuhörerinnen und Zuhörern. Ihr müsst besonders deutlich, das heißt, etwas langsamer und lauter als in alltäglichen Situationen, reden und Sprechpausen einlegen.
Achtet beim Vortragen außerdem auf eine aufrechte Haltung, steht auf beiden Beinen und wendet euch den Zuhörerinnen und Zuhörern zu. Verschränkt nicht die Arme.
Das alles solltet ihr üben, üben und nochmals üben! Orientiert euch dabei an der Abbildung „Präsentationsdreieck“ auf der folgenden Seite.

3. Übt euren Vortrag ein (M 4). Gebt euch in der Gruppe dabei gegenseitig Rückmeldung.

Präsentationsdreieck

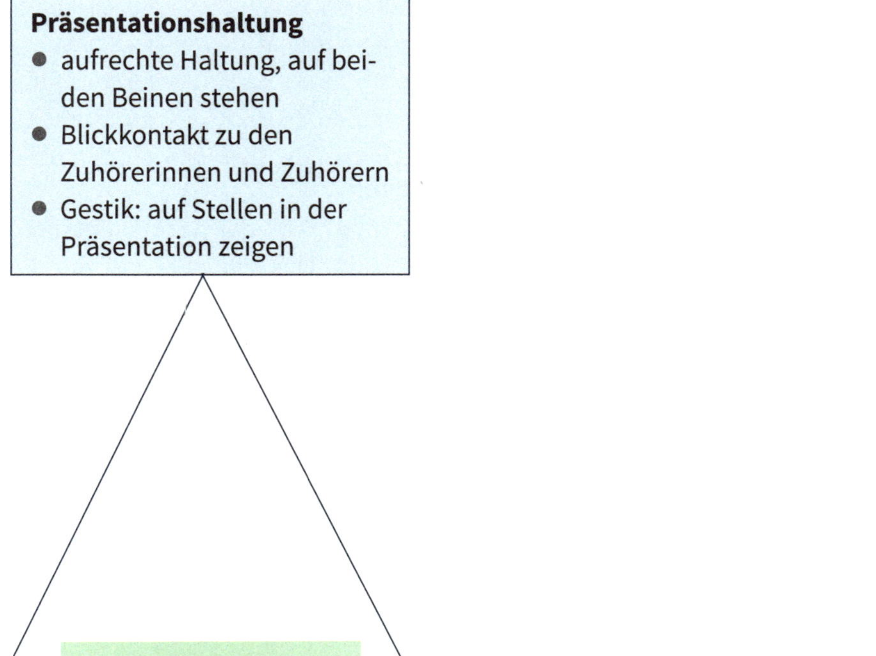

✓ Einleitung: Thema + Wer stellt was vor?

✓ Übersicht über die Unterthemen

✓ Reihenfolge der Themen gemäß der Gliederung

✓ Fragen und Diskussion am Ende

Präsentationssprache
- verständlicher Ausdruck
- langsam, laut und deutlich sprechen

Präsentationsinhalte
- Struktur
- inhaltliche Sicherheit

Basis
- Ich habe die Präsentation mehrfach geübt und bin gut vorbereitet.
- Ich habe alle wichtigen und interessanten Informationen im Kopf.

Bewertung

Kapitel	☺	😐	☹	mögliche Punktzahl	erreichte Punktzahl
Vorwort So gelingt das selbstständige Arbeiten mit diesem Heft				9	/ 9
Vorwort So gestaltest du einen Hefteintrag ordentlich				10	/ 10
Teil I 1. Was erwartet mich im Praktikum? *Ich analysiere Praktikumserfahrungen*				14	/ 14
Teil I 2. Was interessiert mich? *Ich überlege, was ich gerne mache*				14	/ 14
Teil I 3. Welche Fähigkeiten bringe ich in mein Praktikum ein? *Ich überlege, was ich gut kann*				17	/ 17
Teil I 4. Was erwartet meine Chefin oder mein Chef von mir? *Ich beurteile unterschiedliches Verhalten im Praktikum*				14	/ 14
Teil I 5. Wie kann ich mich über Berufe informieren? *Ich nutze verschiedene Recherchemöglichkeiten*				16	/ 16
Teil I 6. Welcher Beruf passt zu mir? *Ich untersuche Berufsbilder*				15	/ 15
Teil I 7. Wie finde ich eine passende Praktikumsstelle? *Ich informiere mich im Branchenbuch und im Internet*				17	/ 17
Teil I 8. Wie telefoniere ich mit einem Praktikumsbetrieb? *Ich übe, wie ich mich nach einem Praktikumsplatz erkundige*				18	/ 18
Teil I 9. Wie schreibe ich einen Praktikumsbetrieb an? *Ich verfasse einen formellen Brief*				15	/ 15
Teil II 1. Was erhoffe ich mir von meinem Praktikum? *Ich denke über meine Erwartungen nach*				8	/ 8

Kapitel	☺	😐	☹	mögliche Punktzahl	erreichte Punktzahl
Teil II 2. Was passiert im Betrieb? (1) *Ich beschreibe Tätigkeiten und Erfahrungen in Tagesberichten*					
„Der erste Tag im Praktikum"				8	/ 8
„Der beste Tag im Praktikum"				8	/ 8
Teil II 3. Was passiert im Betrieb? (2) *Ich beschreibe Tätigkeiten und Erfahrungen in einem Wochenbericht*				8	/ 8
Teil II 4. Was passiert im Betrieb? (3) *Ich beschreibe eine berufstypische oder besondere Tätigkeit*				6	/ 6
Teil III 1. Was hat mir mein Praktikum gebracht? *Ich vergleiche meine Erfahrungen mit meinen Erwartungen*				10	/ 10
Teil III 2. Wie kann ich andere über meine Praktikumserfahrungen informieren?* *Ich präsentiere mein Praktikum*					/
Gesamtpunkte (Inhalt)					/
Gesamteindruck (Sauberkeit, Schrift, Gestaltung)					/
Summe					

Gesamtpunktzahl:

Note: **Unterschrift:**

Kenntnisnahme der Erziehungsberechtigten:

* Die Bewertung der Präsentation hängt vom festgelegten Umfang und vom Anspruchsniveau ab. Da diese von den Fachlehrerinnen und -lehrern individuell oder gruppenspezifisch festgelegt werden, kann keine feste Punktzahl angegeben werden. Gleiches gilt für die Bewertung des Gesamteindrucks.